LE
DROIT ANGLAIS
CODIFIÉ

Châteauroux. — Typ. et Stéréotyp. A. MAJESTÉ.

LE
DROIT ANGLAIS
CODIFIÉ

PAR

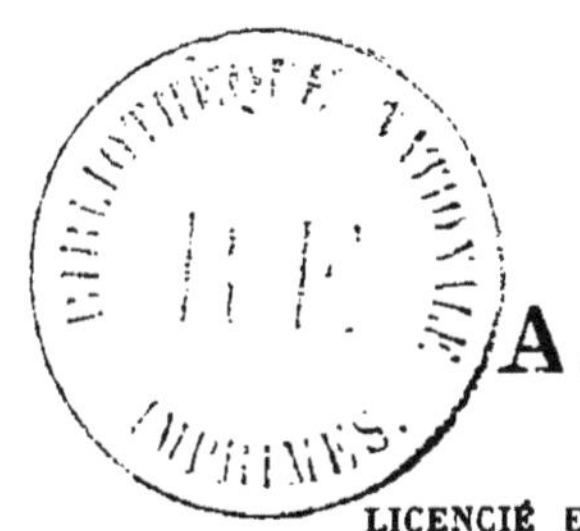

A. PAVITT

SOLICITOR

LICENCIÉ EN DROIT DE LA FACULTÉ DE PARIS

Ubi jus, ibi remedium.

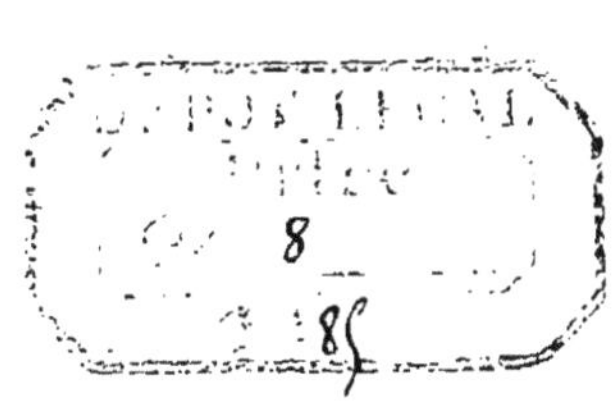

PARIS

LIBRAIRIE A. CHEVALIER-MARESCQ, ÉDITEUR

20, RUE SOUFFLOT, 20

1885

A M. Gabriel **DEMANTE**

Professeur à la Faculté de Droit de Paris

Monsieur,

Vous avez bien voulu me permettre de vous dédier ce livre.

J'ai essayé de présenter sous forme de Code le droit anglais.

Ce n'est pas là, Monsieur, une tâche facile, car celui qui veut un Code, doit l'inventer.

J'ai fait de mon mieux, pensant que ce livre serait peut-être d'une utilité réelle pour des milliers de Français.

On peut ne pas connaître la langue, mais ne rien connaître au droit anglais alors qu'on a des rapports fréquents, peut-être journaliers, avec l'Angleterre, voilà, Monsieur, il me semble, une ignorance regrettable parce qu'elle entraîne sûrement tôt ou tard des conséquences qu'on eût voulu éviter.

Je me suis permis aussi de croire que ce livre ne serait pas dénué d'intérêt pour les Professeurs et pour les avocats.

Je traiterai mon sujet dans l'ordre suivant :

1° Sources du droit ;

2° Principes du droit ;

3° Tribunaux ;

4° Procédure ;

5° Actes, enregistrement et timbre ;

6° Arbitrage.

J'aurai, Monsieur, pour but principal de constater le droit plutôt que de le critiquer. Je ne pourrai cependant m'empêcher de dire ce que je pense notamment du droit réel aujourd'hui, j'aime à le croire, tellement arriéré que ses principes ne trouvent plus de place dans les diverses législations européennes. Ces principes d'ailleurs sont l'objet des critiques incessantes de nombre d'esprits supérieurs en Angleterre.

Sans parler des sources du droit anglais, sources remontant d'ailleurs à plusieurs siècles, il me serait impossible de donner une idée nette du droit. J'ai donc commencé, Monsieur, par cet élément indispensable. On peut dire que le droit anglais, autrefois d'accord avec les idées et les mœurs, n'est plus, au moins en principe, au niveau du progrès social moderne. Une autorité considérable, M. de Laveleye, dit que nous sommes un grand peuple régi par de mauvaises lois. Supprimera-t-on arbitrairement ce qui a vieilli ? Voilà, Monsieur, une marche à suivre contraire à l'esprit anglais, car il se résume en ces matières : lois, politique, religion, par ce mot : « Il faut transiger ». Nous sommes donc en contradiction complète avec l'esprit français. Celui-ci n'a-t-il pas dit et ne dira-t-il pas toujours : « Il faut tout de suite supprimer », quitte à découvrir ensuite, si l'on me permet de m'exprimer ainsi, qu'on l'a fait trop précipitamment et que le remède est quelquefois pire que le mal. Assurément, Monsieur, s'il était possible pour une nation de combiner l'esprit français et l'esprit anglais, c'est-à-dire la logique et l'amour de la transaction, cette nation serait la première du monde et absolument inattaquable de toutes les manières, car, ce qui fait la force des peuples, c'est leur intelligence, et combien serait grande l'intelligence de la nation ainsi favorisée.

A l'égard des juges de la Haute Cour, s'il m'était permis de parler de leur savoir, de leur immense patience, de la manière toute consciencieuse dont ils remplissent leurs hautes fonctions, je n'aurais que des éloges à leur adresser.

L'examen des sources du droit anglais a pour suite naturelle une étude des principes régissant les diverses parties du droit reconnues par les jurisconsultes. Je commencerai, Monsieur, par le droit sur les personnes. Ensuite, j'étudierai dans leur ordre le droit mobilier et immobilier, le droit commun et primitif que nous appelons Common Law, enfin la partie désignée par le nom « Equity ». Il restera à traiter des lois concernant le divorce, les séparations de corps, l'établissement de l'authenticité et de la validité des testaments. Ces trois dernières matières, ainsi que les affaires maritimes, sont de la compétence d'un seul et même tribunal ; des lois en matière ecclésiastique ; des lois en matière maritime et de faillite, les unes partiellement, les autres entièrement codifiées ; enfin du droit criminel non codifié, où il reste trop de reliques des temps anciens et énormément de réformes à faire ; les quatre principales tenant peut-être à la situation des accusés, car l'usage leur interdit la parole et amène ainsi ce double résultat déplorable, c'est que trop de prévenus innocents ou moins coupables que la poursuite ne l'allègue, doivent être presque tous les ans injustement condamnés, et bien des coupables doivent échapper au droit des jurés qui ne sauraient juger en conscience ; mais doivent statuer par leur verdict sur la culpabilité ou l'innocence telle qu'elle résulte des faits établis dans les dépositions ; à l'exercice du droit de poursuite conféré dans la pratique le plus souvent aux particuliers et accessoirement à l'État, mais ni l'un ni l'autre n'étant obligés d'intervenir, état de choses entraînant souvent l'immunité du coupable, que le particulier ne veut ou ne peut poursuivre jusqu'au bout et contre lequel l'État de son côté refuse d'engager une poursuite quelconque ; enfin au pourvoi en cassation, car il n'y a pas de cour de cassation proprement dite.

Je dirai ensuite quelques mots sur les tribunaux, sur la procédure, sur les actes, l'enregistrement et le timbre. Enfin un chapitre sur l'arbitrage terminera ce travail.

Si j'ai fait œuvre d'homme présomptueux en publiant ce livre, je le regrette, mais je ne suis pas juge,

Monsieur, de ma compétence. Huit années de cléri-
cature à Londres, six examens — trois en France,
trois en Angleterre, la qualité de solicitor exerçant
à Londres, voilà mes titres. Sont-ils suffisants ou in-
suffisants, je l'ignore.

Je demande, Monsieur, votre indulgence, car comme
j'ai eu l'occasion de le dire lors du second examen,
je suis sujet anglais et je n'ai quitté l'Angleterre que
pour passer mes examens à Paris. Je n'ai donc jamais
vécu en France. Quant au résultat obtenu, il me faut
dire que je le dois entièrement à M. de Meray, avocat français actuellement décédé et qui demeurait
dans un faubourg de Londres. Le savoir de M. de
Meray, sa grande expérience des affaires, son apti-
tude pour l'enseignement, sa paternelle sollicitude à
mon égard, faisaient de lui un professeur émérite,
dont la mémoire me sera toujours chère.

Aidé par les Français, pourquoi ne tâcherai-je pas
de leur être utile, si peu que ce soit, à mon tour? C'est
là aussi, Monsieur, un motif qui m'a fait écrire ce livre.

Vous m'avez interrogé, le 25 juillet 1883, sur le droit
civil. C'était le second jour de mon examen de licence. Me permettriez-vous, Monsieur, de dire que
j'ai observé votre vif désir d'obtenir de l'intelligence
de chacun de nous tout ce qu'elle était capable de
produire, et le véritable plaisir que vous éprouviez
personnellement lorsque vous entendiez une bonne
réponse, qu'enfin dès ce jour, j'avais souhaité obtenir
la haute faveur que vous voulez bien m'accorder aujourd'hui. Dans l'espérance que ce livre méritera

votre bon accueil, je viens vous le dédier en vous priant, Monsieur, d'agréer l'assurance de ma très haute et très respectueuse considération.

Arthur PAVITT,

Solicitor, licencié en droit de la faculté de Paris.

Londres, 19 John Street, Bedford Row 10, ç. Décembre 1884.

DROIT ANGLAIS CODIFIÉ

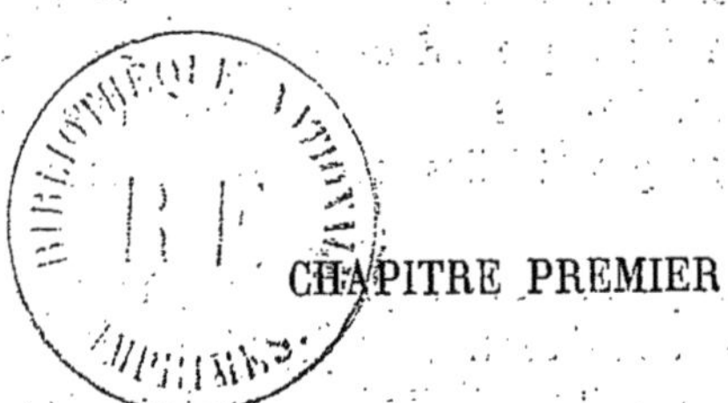

CHAPITRE PREMIER

SOURCES DU DROIT.

On peut dire qu'il existe quatre sources du droit :

1° La coutume ;

2° La féodalité ;

3° Les décisions des juges ;

4° Les lois expresses.

La coutume, la féodalité et les décisions des juges, voilà les grandes bases du droit.

Les lois expresses sont divisées : 1° en lois d'intérêt général ; 2° en lois d'intérêt particulier ou local. Exemple de lois d'intérêt particulier, celles concernant les collèges d'une Université.

Il ne sera question dans ce livre que des lois d'intérêt général. Comme nous n'avons pas de tribunaux administratifs, tels que Conseils de Préfecture ou Conseil d'État, les difficultés d'interprétation de toutes les lois d'intérêt particulier, local, ou d'intérêt général, sont soumises aux tribunaux ordinaires. Mais les juges ne s'occupent de lois d'intérêt particulier ou local que si mention en est expressément faite dans les conclusions.

Les lois irlandaises sont en grande partie les lois anglaises, mais les lois écossaises n'ont aucune espèce de rapport avec les lois anglaises, les seules qui doivent nous préoccuper.

Les lois d'intérêt général s'étendent depuis 1801 au Royaume-Uni, sauf lorsque l'Écosse ou l'Irlande est expressément exclue. Les îles de la Manche ou l'île de Man ne sont comprises que si elles sont expressément mentionnées.

Ces lois ne sont promulguées qu'au fur et à mesure que les besoins sociaux l'exigent, et le principe ancien établi soit par la coutume, soit par la féodalité, soit par les décisions des juges, soit enfin par des lois antérieures, est aboli le moins possible. On pourrait dire qu'à cet égard le droit anglais se rapproche en principe du droit romain, où la base de la législation était les Douze Tables, que venait modifier, mais nullement supprimer d'une façon formelle le droit prétorien, pour que, comme on le sait parfaitement, la loi romaine répondît aux besoins de la société se transformant sans cesse.

Les lois sont promulguées par le souverain et sont exécutoires à partir de la date indiquée dans la loi, ou du jour où l'assentiment royal y est donné. La loi n'a pas d'effet rétroactif, mais c'est là un principe que les Chambres peuvent varier. Je ne connais pas de loi ayant cet effet.

Les lois de police et celles concernant les immeubles gouvernent tous ceux qui habitent le territoire ou qui possèdent des propriétés en Angleterre.

On ne peut déroger aux lois d'ordre public ou intéressant les bonnes mœurs par des conventions particulières.

La coutume est la source du droit commun et les décisions des juges du Banc du Roi (*King's Bench*), rendues d'âge en âge, en sont le développement.

La féodalité est la source des diverses modifications de la propriété immobilière.

Les décisions des juges, en matière d'équité, ne remontant guère qu'au XVIe siècle, sont encore aujourd'hui la source de cette branche du droit. L'équité a laissé debout la féodalité et règle diverses parties de la loi civile et même de la loi commerciale, dont on verra plus loin la nomenclature. On peut constater ici un empiètement en règle des fonctions judiciaires sur les fonctions législatives. Cet empiètement n'existe plus de notre temps. Les juges n'interviennent plus directement qu'en matière de procédure, et alors seulement en vertu d'une loi expresse leur conférant les pouvoirs nécessaires. Actuellement leur mission est donc presque purement judiciaire. C'est ainsi qu'ils interprètent et consacrent les principes contenus dans les décisions rendues par leurs prédécesseurs du XVIe, du XVIIe et du XVIIIe siècles, principes ayant depuis longtemps obtenus force de loi, mais ils ne les modifient pas ; il en est de même en ce qui concerne les juges du droit commun. Il est indispensable d'ajouter que, malgré que les décisions des juges ne vaudraient plus pour constituer la source de toute une branche du droit, cependant un tribunal inférieur se considère toujours lié par un jugement ou arrêt d'un tribunal supérieur qui a déjà statué sur le point en litige devant la juridiction inférieure. Ainsi, un juge de paix est lié par un jugement de la haute Cour, tribunal siégeant à la fois en premier et en dernier ressort ; cette Cour est astreinte à suivre un arrêt de la Cour d'appel ; enfin la Cour d'appel doit se conformer à l'arrêt de la Chambre des lords. Les décisions antérieures forment des précédents. L'étude des précédents est la grande étude en Angleterre.

De ce qui précède, je conclus que l'indépendance des tribunaux n'est pas reconnue.

Du droit commun : comment il a fait naître l'équité.

Qu'est-ce que le droit commun, pourquoi cette désignation ?

Le droit commun c'est l'ensemble des principes élémentaires, indispensables pour former les bases d'une loi civile, commerciale et criminelle, et provenant uniquement de la tradition ou de la coutume, tradition consacrée par les décisions des juges du Banc du Roi, rendues à travers les siècles et conservées dans des recueils existant depuis un temps déjà reculé.

C'est ainsi que le droit commun statue sur la capacité et l'incapacité, qu'il fixe la nature des biens, s'occupe des contrats et quasi-contrats, des règles s'appliquant à tous les contrats, de leurs espèces particulières, enfin des délits et quasi-délits.

Les questions de nullité de mariage, de divorce, de séparation de corps, de restitution de droits conjugaux, celles relatives aux testaments et aux successions mobilières *ab intestat* ont toujours échappé à la juridiction des tribunaux de droit commun : jusqu'en 1857, le pouvoir ecclésiastique statuait en ces matières ; mais, par une loi promulguée en cette même année, un tribunal a été créé *ad hoc.*

Pour reprendre : il est certain que, dans les temps les plus reculés, il existait des mineurs et des majeurs et des engagements entre eux ; des meubles et des immeubles ; des contrats entre propriétaire et locataire ; des contrats réglant le transport de marchandises ; des contrats entre commerçants et entre particuliers et commerçants ; il devait exister aussi des règles fixant ce qu'étaient délit et crime et leurs espèces différentes. Pour donner des exemples tirés du Code civil français, les articles établissant l'état des personnes ; les éléments nécessaires pour constituer un contrat ; la règle que nous sommes responsables

de notre propre fait et du fait de ceux qui dépendent de
nous ; que tout fait quelconque de l'homme qui cause préjudice à autrui doit être réparé ; toutes ces règles et bien
d'autres relèvent du droit commun.

C'est également du droit commun que dérive un mode
de juger le point de fait, je veux dire par un juré, en matière civile, commerciale et criminelle. En équité, on peut
considérer le juré comme n'existant pas.

Je n'ignore pas que nous donnons un sens plus restreint au mot droit commun, à savoir cette branche du
droit applicable à un certain ensemble d'affaires portées,
d'après la loi ou l'usage, devant une section de la haute
Cour appelée Banc de la Reine (*Queen's Bench*) ou du Roi,
si c'est un roi qui gouverne. Dans le chapitre suivant,
d'ailleurs, pour plus de clarté, je me conformerai à ce sens
restreint.

J'ajoute à cette place que, hormis une ou deux exceptions, l'équité ne comporte que la loi civile, souvent insuffisante avant son apparition pour répondre aux besoins
nouveaux de la société, et s'occupe plus spécialement des
mineurs, de leurs personnes et de leurs biens ; des biens
de femmes mariées ; des questions immobilières telles
qu'achats, ventes, hypothèques ; des questions de fidéicommis ; de celles entre associés ; de l'exécution littérale
des contrats par opposition aux demandes à fin de dommages-intérêts résultant de leur inexécution ; enfin de la
liquidation des successions mobilières et immobilières
(loi de 1873).

On voit donc, par la nature même des affaires dont s'occupent la Cour d'équité et la Cour de Common-Law ou
Banc de la Reine, que la procédure doit nécessairement
être plus compliquée devant la première que devant la
seconde, nouvelle preuve, si besoin était, que le droit
commun est le droit simple et primitif, et que l'équité est
le droit plutôt moderne.

Les *Institutes* affirment, à tort selon moi, et les livres de droit anglais disent souvent aussi que : *misera est servitus ubi jus est vagum aut incertum*. J'en suis arrivé à rechercher l'origine du mot « droit commun ». Cette origine, comme d'autres questions de droit anglais, est assurément tout ce qu'il y a de plus vague et incertain, si vague, si incertain que la plupart des livres ne semblent pas pouvoir en fournir l'explication, ou s'ils la fournissent, c'est en laissant au lecteur le choix entre plusieurs versions qui ne s'accordent pas. On peut affirmer que ce droit remonte à une époque antérieure à la conquête normande, époque où diverses tribus possédaient l'Angleterre et où celle-ci se trouvait régie par des coutumes différentes. On peut conjecturer néanmoins qu'il a dû exister des coutumes uniformes ou communes à tout le pays, et que cet ensemble de coutumes uniformes ou communes a dû servir à former les bases de ce qui s'appelle aujourd'hui droit commun. Voilà des doutes et des hypothèses. Dès lors pourquoi ne nous appliquerait-on pas la maxime des *Institutes* ?

En dehors de la coutume et de la tradition générale, base du droit commun, il y a diverses coutumes locales, telles que celle du comté de Kent appelée Gavelkind, en vertu de laquelle tous les héritiers mâles et non le fils aîné prennent les immeubles en l'absence d'un testament, celle appelée Borough English, ou le plus jeune fils prend les immeubles à l'exclusion de tous autres enfants.

Voici les caractères que la coutume locale doit réunir pour être admise en justice :

1° Elle a dû exister depuis un temps immémorial, mais, légalement parlant, ce temps a une date certaine, celle de l'avènement au trône de Richard Ier. Comme dans la pratique, il serait souverainement difficile d'établir l'existence ou la non-existence d'une coutume depuis Richard Ier, les jurés sont fondés à fixer une période infiniment plus courte, celle de vingt ans a été plus d'une fois jugée sufûsante et c'est cette période là qui établit l'existence de la coutume en l'absence de preuves contraires :

2° Le droit à la coutume a dû être continu et non interrompu ;

3° La jouissance du droit a dû être paisible, ce qui sert à établir le consentement unanime ;

4° La coutume doit être raisonnable ;

5° Elle doit être certaine ;

6° Elle doit être obligatoire ;

7° Les coutumes ne doivent pas être incompatibles les unes avec les autres.

Les coutumes doivent être interprétées strictement, surtout lorsqu'elles dérogent à la loi générale sur la propriété.

En dehors de ces coutumes locales, il y a les usages du commerce comme en droit français.

Ayant parlé du droit commun et précisé le sens de cette expression, il convient de présenter un résumé montrant en quoi ce droit était insuffisant et comment il a fini par amener l'introduction de l'équité par les lords chanceliers, eux-mêmes de création beaucoup plus récente que les juges du Banc du Roi.

On peut affirmer que les tribunaux de droit commun, dont, jusqu'à 1873, il y en avait trois, appelés « Common Pleas », « Échiquier » et « Banc de la Reine » mais dont il ne reste que ce dernier, depuis la loi de cette date, ne statuaient sur les cas particuliers qu'à la condition que ceux-ci fussent rattachés à une formule particulière ; que ces tribunaux ne pouvaient statuer qu'entre le demandeur et le défendeur dont les noms figuraient dans les actes de la procédure, malgré que ces actes montraient la nécessité d'introduire dans l'instance des tierces parties omises ; que ces tribunaux n'avaient pas constaté les nuances délicates du dol en matière de contrats et d'actes généralement quelconques ; ni fourni les bases d'interprétation des testaments ; ni établi les règles relatives aux fidéi-commis, lesquels cependant existaient beaucoup en pratique et ont été introduits au XV⁰ siècle par les ecclésiastiques, qui les avaient empruntés au droit romain. L'absence du fidéicommis dans le droit primitif s'explique par ce fait que les juges du Banc du Roi ne voulaient en aucune façon s'occuper de droit romain, mais persistaient à se restreindre au droit commun qu'ils disaient avoir existé en Angleterre longtemps avant la conquête, et qu'ils étaient fiers d'appliquer. Le droit commun n'avait pas non plus établi les pouvoirs des exécuteurs testamentaires ; il n'ordonnait pas l'exécution littérale des obligations, mais accordait seulement des dommages-intérêts pour leur inexécution ; les juges du Banc du Roi n'avaient aucun moyen d'ordonner un compte entre, par exemple, un créancier et un débiteur hypothécaires, ou entre associés, parce qu'il n'existait pas de fonctionnaires attachés au tribunal pour l'établir ; ces juges n'ordonnaient pas non plus la liquidation des successions pour la même raison ; ils avaient une jurisprudence inéquitable au sujet des hypothèques par laquelle les biens hypothéqués revenaient au créancier en entier au cas de non-paiement au terme stipulé, l'hypothèque étant considérée comme transférant la propriété et non comme entraînant une simple garantie de remboursement ; ils n'avaient aucun moyen d'ordonner le partage en nature d'immeubles ; ils ne pouvaient accorder des ordonnances enjoignant à la partie de faire ou de ne pas faire ; ni veiller à la nomination d'un séquestre. Enfin, les juges de droit commun ne paraissent jamais avoir eu le moindre pouvoir sur les incapables : aliénés, mineurs, femmes mariées.

Ce fut pour combler ces nombreuses lacunes, parmi beaucoup d'autres, que les chanceliers, véritables préteurs, établirent, sans que le droit commun, les douze tables, fussent par là abolis, un système de jurisprudence destiné à jouer un grand rôle dans le droit anglais.

Bien que nos préteurs aient, en principe, imité les préteurs romains, puisque ces premiers établirent un système de jurisprudence : *adjuvandi, vel supplendi, vel corrigendi juris civilis gratia propter utilita em publicam*, il convient de noter deux différences essentielles : 1° l'équité ne vint pas s'absorber dans le droit commun qui continua à subsister, comme système indépendant, jusqu'en 1873, époque de la fusion. 2° Les décisions des chanceliers lièrent leurs successeurs, tandis que l'édit prétorien ne fut valable que pour un an, durée des fonctions du préteur.

L'existence des chanceliers remonte à une époque antérieure au règne d'Édouard IV. A l'origine, simples secrétaires du souverain, ils furent, à une date aujourd'hui incertaine, revêtus par celui-ci du droit de rendre la justice ; particulièrement d'écouter les suppliques parvenues jusqu'à lui et émanées de sujets mécontentés par la manière dont la justice était rendue par les juges de droit commun, et l'insuffisance de leur mode de réparer les torts causés aux plaignants. Les chanceliers furent revêtus du droit de suppléer ou de remédier à l'état de choses ainsi divulgué au chef de l'État. Jusqu'en 1873, les procès intentés devant la Cour de la Chancellerie, commençaient par une demande adressée au lord chancelier, sous forme de prière, le suppliant d'agréer la demande. Les premiers chanceliers furent des prêtres, les seuls d'ailleurs possédant, à l'époque dont je parle, l'instruction nécessaire.

Le droit romain était l'un des grands objets de leur étude, et c'est du droit romain que provint une certaine partie de leur système de jurisprudence, le droit naturel constituant la base du restant.

Les décisions des premiers juges dérivèrent de leur

conscience, mais à partir de l'an 1600 environ, la justice fut rendue par des chanceliers laïques, dont les décisions dérivèrent de la raison. Conscience et raison — voilà la clef de l'histoire de l'équité, qu'on peut ainsi diviser en deux périodes — 1200 — 1600 : Période cléricale. 1600 jusqu'à nos jours: période juridique. Quelle est, en effet, la grande création de la première période, c'est le fidéicommis, institué non pour perfectionner notre système de jurisprudence, mais pour protéger les intérêts de l'église contre la loi elle-même. L'œuvre des chanceliers prêtres n'a pas été détruite par les chanceliers laïques, qui l'ont acceptée et, c'est leur titre de gloire, ont élargi les bases de l'équité en la faisant porter sur un nombre considérable de sujets indispensables de leur temps, indispensables aujourd'hui. Dès le XVIIe siècle, nous voyons s'élever un système régulier, méthodique, de jurisprudence, dont la grande majorité des principes justifie la désignation d'équité donnée au système tout entier.

Les fondateurs de l'équité sont considérés comme ayant été: 1° l'illustre lord Bacon, qui le premier en rédigea les bases ; 2° le comte de Nottingham, appelé « Père de l'équité », qui fixa définitivement les principes de la jurisprudence et les règles de compétence de son tribunal. Il est mort en 1682; 3° lord Hardwicke qui compléta l'œuvre de ses prédécesseurs.

Le tribunal ainsi fondé prit le nom de Cour de chancellerie, nom qu'il a conservé jusqu'en 1873. A cette date, il est devenu une division de la Haute Cour de justice, appelée division de la Chancellerie, de même que le tribunal du droit commun est devenu une division de la Haute Cour, appelée division du Banc de la Reine.

De tout ce chapitre, je tire une conclusion générale : c'est que l'étude sérieuse du droit anglais, comportant la féodalité, une quantité innombrable de précédents et de lois expresses remontant à des siècles, n'est pas une étude

facile, et dévoile un état de choses rendant difficilement
compréhensible la maxime que : *ignorantia juris quod
quisque scire tenetur neminem excusat.*

Je ne comprends pas, d'ailleurs, que mes compatriotes,
si pratiques en toute autre chose, n'aient pas admis depuis
longtemps la nécessité d'un Code. Quoi de plus pratique
qu'un Code ? Les quelques lois codifiées sont-elles moins
intelligibles que les lois non codifiées ? Le travail du juge
serait-il plus pénible qu'il ne l'est aujourd'hui, s'il existait un Code ? Le citoyen, n'ayant pas besoin d'indulgence,
si l'on pouvait la lui accorder, parce qu'il connaîtrait les
bases essentielles de la loi, serait-il moins bon citoyen
pour avoir cette connaissance indispensable ? Craindrait-
on enfin que les procès ne fussent plus rares qu'à présent ?
Crainte vaine et futile ; car, qu'il y ait un Code ou qu'il n'y
en ait pas, l'homme est toujours le même.

J'ajoute que lui présenter des lois codifiées, simples à
comprendre, lui faciliter le moyen d'actionner son pro-
chain, ce serait bien mériter des solicitors et des avocats.

CHAPITRE II

Il convient tout d'abord de fixer la marche à suivre.

Il faut parler des personnes ; ensuite, des biens, de leurs diverses modifications, des moyens d'acquérir la propriété, c'est-à-dire épuiser le sujet des meubles et des immeubles en général.

Les matières portées devant le tribunal du Banc de la Reine ont trait aux contrats et quasi-contrats, ainsi qu'aux obligations résultant d'un préjudice et se résolvant par des dommages-intérêts. La grande différence entre les premiers et les secondes est qu'au second cas ce sont toujours des dommages-intérêts que l'on réclame, tandis qu'au premier, c'est une somme ou une chose déterminée ou bien des dommages intérêts qui forment la base du procès.

Je traiterai donc ensuite ces sujets généraux. Ces derniers se rapportent par leur nature à la loi civile ou commerciale, division de première importance en droit français, mais n'en ayant aucune en droit anglais, lequel ne comporte que la juridiction civile.

Enfin, il faudra parler des règles à l'aide desquelles on mesure les dommages-intérêts.

Les affaires portées devant le tribunal de la Chancellerie ont trait :

1° Aux successions ;

2° Aux associations ;

3° Aux hypothèques et aux droits et obligations des créanciers et des débiteurs hypothécaires ;

4° A la création de démembrements de la propriété immobilière pour remettre des parts en argent à des légataires ;

5° A la vente d'immeubles hypothéqués ou grevés de charges ;

6° Aux fidéicommis ;

7° Aux actes sous sceau ;

8° A l'exécution littérale des contrats de vente d'immeubles ou des contrats pour les baux ;

9° Au partage ou à la vente des immeubles indivis ;

10° A la garde de la personne des mineurs et à l'administration de leurs biens.

La même loi dit que les affaires portées devant ce tribunal, en vertu de lois antérieures, le seront aussi à l'avenir ; il faut donc ajouter :

11° Aux sociétés anonymes.

En dehors de cette compétence exclusive, en dehors de la loi expresse, il y a la compétence provenant de la jurisprudence, qui comporte les matières suivantes :

12° Le dol ;

13° L'accident ou l'erreur ;

14° Le dol dans les actes de l'homme ou dans les contrats ;

15° Les legs et donations pour cause de mort ;

16° La conversion d'immeubles en meubles et de meubles en immeubles ;

17° L'élection à faire entre deux droits dans certains cas ;

18° Les faits devant être considérés comme équivalant à l'exécution d'une obligation prise antérieurement ;

19° Les modes d'exécution indirecte des obligations ;

20° Les affaires de compte ;

21° Les peines et les dommages-intérêts fixés en cas d'inexécution des obligations ;

22° Les jugements enjoignant à la partie de faire ou de ne pas faire ;

23° Les biens des femmes mariées ;

24° La garde de la personne et l'administration des biens des aliénés. (Ce dernier chef de compétence existe réellement en vertu du mandat du souverain).

Je traiterai donc ces sujets généraux en deuxième lieu ; pour le restant, je suivrai l'ordre indiqué dans la dédicace.

Inutile de dire que j'aurais préféré la plus simple division suivante :

1° Les personnes

2° Les biens ;

3° Les contrats.

Mais je suis astreint, par le motif déjà fourni, à suivre une autre division. Les biens et les contrats sont traités sous une même rubrique ; il n'en est pas de même des personnes. J'ai donc imité l'ordre du Code à l'égard de ces dernières.

Lois sur les personnes

Les droits civils ne peuvent être perdus que par la naturalisation en pays étranger. L'emprisonnement ou les travaux forcés, même à perpétuité, n'empêchent pas ces droits d'exister, bien que leur exercice soit ordinairement impossible en fait. Je ne connais rien qui empêche un galérien de faire son testament, par exemple, et de disposer de ses biens aussi librement que tout autre citoyen.

Les actes de l'état civil ne sont pas en eux-mêmes la preuve de leur contenu. Ainsi, produire un acte de naissance établissant qu'on a dix-neuf ans, et qu'étant mineur on ne doit rien, ce n'est pas une preuve suffisante pour le tribunal, au moins en droit strict ; il faut aussi une preuve extrinsèque, par témoins, par exemple.

Le domicile soulève une question fort grave et fort incompréhensible. D'après le droit anglais, un domicile anglais soumet l'étranger aux lois anglaises relativement à certains de ses droits civils. L'étranger domicilié en Angleterre peut être le défendeur à un procès en divorce, quand même ce dernier ne serait pas admis d'après les lois du pays d'origine de l'étranger, et ne pourrait pas valablement soulever l'incompétence du tribunal anglais.

Le tribunal ne cherchera pas les héritiers d'un étranger mort domicilié en Angleterre, et y laissant une succession mobilière, d'après la loi du pays de cet étranger, mais d'après la loi anglaise.

L'étranger domicilié doit faire faire son testament d'après la loi anglaise, si ce testament doit porter sur des meubles situés en Angleterre. Je doute fort qu'un tribunal anglais admette, dans ce cas, un testament fait dans une forme étrangère.

En jugeant la question de savoir si les biens meubles de l'étranger, mort *ab intestat*, doivent être soumis à la loi anglaise, ou si le testateur étranger qui s'est conformé aux lois de son pays, quant à son testament, a pu valablement s'y conformer et s'en prévaloir, le tribunal anglais n'examinera qu'une seule question, celle de savoir si le domicile de l'étranger était en Angleterre et s'il avait conservé l'esprit de retour. Si l'étranger avait conservé l'esprit de retour, si notamment il est retourné dans son pays d'origine, la loi anglaise ne serait pas applicable. Autrement, elle serait seule applicable.

Ce principe, ou plutôt cette absence de principe, fait naître un conflit entre les deux législations, car la loi française est que : « les lois concernant l'état et la capacité des personnes, régissent les Français même résidant en pays étranger. »

Si je me souviens bien, la jurisprudence anglaise est une relique des temps de la féodalité.

C'est en vain que je me suis demandé et que je me demande toujours le rapport existant entre état et capacité d'une part et domicile de l'autre part. Pourquoi ne pas dire que si la loi étrangère n'est pas contraire à l'ordre public anglais et aux bonnes mœurs, elle régira l'étranger résidant en Angleterre. N'oublions pas non plus, sur la question de fait, que la difficulté d'établir l'existence ou l'absence de l'esprit de retour est formidable et ne peut être résolue que par la déposition des témoins. Je déclare préférer les principes aux témoins, quelque honorables que ceux-ci puissent être. Dieu sait comme les témoins se trompent et ce qu'ils disent de mensonges par année judiciaire !

En cas d'absence, quelle est exactement la jurisprudence ; — il n'y a pas de loi à ma connaissance. Tout ce que je puis dire c'est que le tribunal base sa décision sur les circonstances particulières de chaque affaire. Je pense que le tribunal nommerait un séquestre dans tous les cas et que les représentants de l'absent au temps de sa disparition, seraient à tous égards entre les mains du tribunal. Il faut noter toutefois qu'il y aurait un cas de prescription contre l'absent parti depuis douze ans au moins. C'est le cas où il serait débiteur hypothécaire et le créancier aurait pris possession de l'immeuble grevé de l'hypothèque. Si l'absent restait inactif pendant douze ans à partir de cette prise de possession, son droit de reprendre l'immeuble serait perdu. Six ans à partir de la cessation de l'état de minorité ou d'aliénation d'esprit sont alloués par la loi ; mais dans ces cas la période totale ne doit pas excéder trente ans.

Le mariage est un sujet exigeant un certain détail ;

Les conditions requises sont :

1° Le consentement ;

2° Le mariage dans les degrés de parenté permis ;

3° L'âge de quatorze ans pour l'homme et de douze ans pour la femme.

Le mineur devrait demander le consentement de son père ; son père décédé, du tuteur qu'il a nommé par son testament, faute de cette nomination, le consentement de sa mère ; enfin, dans tous les cas, celui du tuteur nommé par le tribunal, s'il y en a un.

Lorsque les biens d'un mineur sont administrés par le tribunal, le mariage de ce mineur ne devrait pas avoir lieu sans le consentement du juge, et le contrat de mariage devrait être approuvé par lui.

Mais c'est à la partie dont le consentement est requis à veiller à ce qu'il soit demandé et à s'opposer au mariage, s'il le juge convenable. Le prêtre ou le fonctionnaire de l'État acceptera la déclaration des parties, en l'absence de toute opposition. La fausse déclaration n'annulera pas le mariage, mais elle entraînera une condamnation correctionnelle seulement.

Le mariage est : 1° religieux ou 2° civil ; il doit être célébré portes ouvertes.

Le mariage religieux est suffisant s'il est célébré en l'église anglicane. Autrement il faut que le fonctionnaire, chargé de présider à la cérémonie du mariage civil, assiste à sa célébration.

1° On doit donner un avis et souscrire une déclaration portant qu'il n'y a aucun empêchement. Il est certain que la fausse déclaration n'annule pas le mariage, mais soumet le déclarant à une peine.

L'avis donné est de vingt et un jours et la résidence requise, de huit jours

Cet avis est de sept jours, la résidence de quinze jours, si l'on a la permission spéciale de l'église.

La publication est faite dans le premier cas du haut de

la chaire trois dimanches successifs. Dans le second cas les publications sont inutiles.

La présence de deux témoins est requise. Les parties doivent signer sur le registre des mariages.

2° Le mariage civil n'entraîne presque aucuns frais ou dépenses. Il est célébré par-devant le fonctionnaire dont j'ai parlé. Les parties doivent préalablement lui donner un avis de vingt et un jours, qui sera dûment affiché, et obtenir son certificat constatant l'accomplissement de cette formalité. Par l'autorisation spéciale de ce fonctionnaire il suffira de donner un avis de vingt-quatre heures, qui ne sera pas affiché, et d'obtenir le dit certificat. Il faut la présence de deux témoins et une déclaration de non-empêchement. Une déclaration fausse entraîne une peine correctionnelle.

Toute personne peut former opposition au mariage. Si l'Église ou le fonctionnaire de l'État, juge l'opposition sérieuse, il ne sera pas passé outre au mariage. Spécialement, ce dernier ne pourra avoir lieu si les personnes dont l'autorisation est nécessaire, refusent de la donner et font connaître leur refus au prêtre ou au fonctionnaire en temps utile.

Le mariage ne peut être célébré au delà de trois mois à partir du jour de l'avis.

Le mariage peut être célébré dans une chapelle dissidente, pourvu que la chapelle soit une de celles dont le nom a été porté sur un registre public destiné à cet effet. Mais la présence du fonctionnaire de l'état est indispensable.

Les Anglais à l'étranger peuvent se conformer à la *lex loci* ou se marier au Consulat anglais.

Il y a neuf cas de nullité de mariage : 1° L'impuissance radicale lors du mariage, impuissance ignorée de l'autre partie à cette époque.

2° Le mariage lorsque l'une des parties est déjà mariée.

3° Le défaut d'âge.

4° L'aliénation d'esprit de l'une des parties, même si le mariage a eu lieu dans un intervalle lucide.

5° Le mariage dans les degrés prohibés. (Les cousins peuvent se marier.)

6° La célébration du mariage par quelqu'un n'ayant pas le pouvoir de le faire, ou dans un lieu non autorisé.

7° Le mariage sous un faux nom pris pour tromper l'autre partie ou ses parents.

8° Le cas où le mariage civil a lieu après l'expiration des trois mois, ou dans un autre lieu que celui indiqué dans l'avis et le certificat.

9° Le cas où le mariage religieux, à la connaissance de la partie, a eu lieu sans les publications requises ou sans la licence ou permission du prêtre.

Les obligations qui naissent du mariage sont relatives: 1° A l'entretien de la femme, 2° à l'entretien des enfants.

1° L'entretien de la femme est relatif à la position sociale des époux.

La femme vivant avec son mari a le droit de se fournir tout ce qui lui est nécessaire à la vie et à l'entretien, et le mari a l'obligation de payer. Toutefois si le mari a fait défense au commerçant de donner crédit, le commerçant n'a aucun recours contre lui. Il en est de même si le mari a fait défense à sa femme d'engager sa responsabilité vis-à-vis les tiers pour les choses nécessaires à la vie ou à l'entretien de la femme, quand même cette défense ne serait pas connue du commerçant. C'est une protection exorbitante accordée par la jurisprudence au mari, depuis une époque toute récente.

Nouvelle preuve, si besoin était, que les maris, même les maris anglais, sont des tyrans, aux yeux des femmes dépensières, dont il reste encore quelques-unes, malgré la jurisprudence.

2° Les père et mère, grand-père et grand'mère sont tenus par une loi d'Élisabeth de contribuer six francs par semaine, à la nourriture de leurs enfants ou petits-enfants qui sont dans le besoin. Le défaut par les père et mère d'accomplir l'obligation de pourvoir à l'entretien de leurs enfants peut entraîner une condamnation correctionnelle (loi de 1868).

Les enfants sont tenus de pourvoir à l'entretien de leur père et mère, grand-père et grand'mère.

Le désaveu de la part du père est possible s'il peut établir que, pendant les neuf mois précédant la naissance, il n'a pas eu de rapports avec sa femme.

Quant à la garde de la personne et à l'administration des biens des mineurs et aux diverses espèces de tuteurs, il conviendra d'en traiter plus loin.

A l'égard des droits et devoirs respectifs des époux, le mari n'a plus guère que des obligations, conséquence des idées chevaleresques de notre temps : il est vrai que le mari peut contraindre sa femme à lui obéir et à le suivre partout où il juge convenable de résider, mais qui parle de contrainte parle de choses inutiles. La femme peut contracter relativement à ses biens personnels, ester en jugement, faire son testament, être exécutrice testamentaire ou fidéicommissaire, le tout sans avoir besoin de l'autorisation de son mari. Elle ne pourra pas faire le commerce sans cette autorisation, à moins que le mari ne subisse une condamnation aux travaux forcés, qu'il n'existe une séparation prononcée en justice ou que le mari n'ait abandonné sa femme. Le mari n'est pas personnellement responsable des actes de sa femme qui fait le commerce avec son autorisation.

Les créanciers de la femme n'ont de recours que contre les biens propres de la femme, mais peuvent aussi faire déclarer cette dernière en faillite, toujours à la condition que la femme ait des biens propres (loi de 1882).

Les conventions entre mari et femme ne sont pas absolument impossibles, mais le tribunal (de la Chancellerie)

est juge souverain. Il les voit en général d'un mauvais
œil.

Rien dans la loi expresse n'autorise de semblables conventions. Presque toujours les époux font intervenir un
fidéicommissaire.

Quant à la dissolution du mariage et ses conséquences,
nous les étudierons en temps et lieu.

La filiation résulte de l'acte de naissance dont il sera
parlé ci-après.

La filiation, dans certains cas, peut résulter d'un jugement du tribunal. Par une loi de 1858, une personne,
réclamant des biens meubles ou immeubles situés en
Angleterre, peut demander à la division de la Haute Cour,
s'occupant de l'établissement de testaments, un jugement
portant que le demandeur est enfant légitime et que le
mariage de ses père et mère fut un mariage légal. Je
pense que la possession d'état résultant de déclarations de
personnes honorables suffirait au tribunal pour établir la
filiation du demandeur.

Une loi de 1837 a établi un bureau pour Londres et
toute l'Angleterre, destiné à la conservation des registres
des actes de l'état civil, quel que soit le lieu en Angleterre de la naissance, de la célébration du mariage, ou
du décès. Ces registres font foi en justice.

Avis de la naissance, du nom de l'enfant, des nom et
prénoms du père, du sexe de l'enfant, du nom de demoiselle de la mère et de la profession du père, doit être
donné par le père, la mère ou par le locataire de la maison dans les quarante-deux jours de la naissance.

Après l'expiration des quarante-deux jours, le père ou
le tuteur de l'enfant doit faire une déclaration écrite des
faits, en présence de l'officier de l'état civil dont il y a un
ou plusieurs dans tous les quartiers de Londres et des
grandes villes et dans toutes les villes de province.

Le nom du père d'un enfant illégitime ne peut être in

séré que sur la demande des père et mère, lesquels doivent signer sur le registre.

Avis du décès doit être donné dans les cinq jours

L'enfant illégitime est *nullius filius*. Il appartient à sa mère. La légitimation n'existe pas. L'enfant a droit à l'entretien dont la mère est responsable, mais la mère peut demander au tribunal de simple police une pension pour l'enfant, d'où il résulte que la recherche de la paternité n'est pas absolument défendue. Si la mère épouse un tiers, son mari est responsable de l'entretien jusqu'à ce que l'enfant ait atteint l'âge de seize ans ou que la mère vienne à décéder.

L'adoption est tellement rare dans la pratique que le législateur ne paraît pas s'être occupé d'en régler les bases. Il est certain que l'enfant n'aura d'autres droits que ceux résultant pour lui d'actes sous sceau ou du testament de l'adoptant. La loi n'impose aucune obligation aux parties.

La tutelle est celle du père ; celle du tuteur nommé par son testament ; à défaut de pareille nomination, la mère est quelquefois nommée tutrice ; enfin il y a les tuteurs nommés par le tribunal. Ce dernier étant omnipotent, agit comme il juge convenable dans l'intérêt des enfants. Ce sujet appartient à l'Équité.

Le père seul a la *potestas* sur les enfants mineurs ; il en a la garde, il a le droit de pourvoir à leur instruction (il ne paraît pas qu'il en ait le devoir en dehors de la loi de 1870, loi rendant obligatoire l'enseignement primaire dans les écoles de l'Etat), il peut les corriger dans de justes limites. Le tribunal peut ôter la garde de l'enfant au père et la confier à la mère, sur la demande de celle-ci, mais jusqu'à l'âge de seize ans seulement.

L'émancipation n'existe pas.

La majorité est acquise le matin du jour précédant celui de l'anniversaire de la naissance.

L'interdiction appartient à l'Équité.

Le conseil judiciaire n'existe pas.

Lois sur les meubles

La jurisprudence reconnaît une grande différence entre les meubles et les immeubles, c'est que les meubles échappent aux coutumes de la féodalité, tandis que les immeubles y sont soumis, exemple : les meubles ne reviennent pas à l'héritier désigné par ces coutumes, ordinairement le fils aîné, mais aux exécuteurs testamentaires.

Le droit commun régit ce sujet presque en entier ; il n'admet d'autre division des meubles que la suivante : 1° meubles corporels dont on a la possession effective *(choses in possession)* ; 2° effets mobiliers dont on n'a pas la possession effective, laquelle strictement on peut obtenir seulement à la suite d'un procès. Exemple : les créances *(choses in action)*.

Ces deux expressions sont empruntées à l'époque de la conquête normande.

Le droit moderne ne sait comment désigner les actions, les rentes, les valeurs, les brevets, lesquels n'existaient pas, par exemple, du temps de la conquête normande. « A défaut de mieux », il les appelle biens meubles incorporels.

Le droit au bail est considéré meuble.

Depuis la loi de 1873, les créances ou autres choses *in action* peuvent être cédées et recouvrées par le cessionnaire en son propre nom, sans le concours du cédant. Avant cette loi, il fallait un pouvoir permettant au cessionnaire de poursuivre le recouvrement en son propre nom.

Avant la même loi, il y avait certains meubles incorporels dont l'Équité permettait la cession dans les conditions fixées par cette loi, car l'équité, ayant une origine moderne par rapport au droit commun, comprenait mieux les exigences d'une société moderne.

Voilà la division des meubles et les règles générales les concernant.

Étudions maintenant dans leur ordre ·

1° Les choses *in possession ;*

2° Les choses *in action ;*

3° Les biens meubles incorporels ;

4° Les modes d'aliénation ou d'acquisition de la propriété des biens meubles ;

5° Les biens meubles en général.

1° Il existe quelques meubles considérés comme des accessoires d'immeubles et revenant dès lors à l'héritier indiqué par la loi féodale, ordinairement le fils aîné, tels que les immeubles par destination, les cheminées, les glaces fixées au mur, etc.; dans un autre ordre de biens, les produits du sol n'étant pas le résultat annuel du travail de l'agriculteur.

Deux autres espèces de meubles sont classées à part. La propriété des animaux sauvages s'obtient en les apprivoisant. La propriété du gibier est à l'occupant de la terre où ce gibier se trouve.

Ces espèces particulières de meubles mises à part, les effets mobiliers sont régis par une règle générale uniforme, à savoir : que les démembrements de la propriété, applicables aux immeubles, ne le sont pas aux meubles : on n'a pas, par exemple la nue-propriété d'un meuble.

Si le véritable propriétaire est privé de son droit, il peut demander des dommages-intérêts contre le tiers pour avoir « converti le ou les meubles à son usage. »

Si l'on a donné un meuble en nantissement, le créancier gagiste peut seul intenter une action contre le tiers détenteur. Dans le même cas, et si le créancier convertit le gage à son usage personnel, le contrat de gage est considéré comme brisé par le fait de ce créancier, et c'est également une action en dommages-intérêts qu'il s'agit d'intenter.

Un autre incident des choses *in possession* est le droit
de détention *(Lien)* dans certains cas. Ce droit de détention est particulier ou général, général lorsqu'il s'a-
git d'un solde de compte.

Celui qui est contraint de recevoir des effets mobiliers,
un aubergiste ou un voiturier, par exemple, possède
un droit de détention particulier pour ce qui peut lui
être dû.

Les banquiers, les solicitors et autres ont un droit de
détention général pour garantir le remboursement de ce
qui peut leur être dû en compte général.

Ce droit, dans les deux cas, ne comporte que la faculté
de retenir la possession des biens, et se perd sitôt que le
tiers se dessaisit de l'objet détenu ;

2° Choses *in action*. Telles sont principalement les créances dont il y a quatre espèces :

1° Celles qui sont dues à la couronne ;

2° Celles qui sont dues en vertu d'un jugement ;

3° Celles qui sont dues en vertu d'un acte sous sceau ;

4° Celles qui sont dues en vertu d'un acte ordinaire.

Il paraît certain que le seul droit de priorité existant
aujourd'hui en faveur de ces différentes espèces les unes
sur les autres, est celui au profit de la deuxième espèce,
dans le cas d'une liquidation de succession par le tribunal
de la Chancellerie.

J'examinerai plus tard les moyens de faire fructifier les
jugements. Il convient de dire maintenant que la contrainte par corps est abolie : toutefois, les débiteurs, pouvant mais ne voulant pas payer, sont punis de six semaines
d'emprisonnement (loi de 1869). Ce pouvoir d'ordonner
la prison au civil, par suite d'avoir méprisé un jugement
du tribunal, m'a toujours semblé plutôt étrange que juste.

Il existe d'autres cas autorisant le tribunal civil à condamner à la peine de l'emprisonnement. Le cas principal
s'applique au défaut, par un fidéicommissaire, de se confor

mer à un jugement du tribunal de la Chancellerie lui ordonnant de verser, en cette qualité, une somme déterminée. La durée de la peine ne peut excéder un an (Loi de 1869).

Le droit commun a attaché, de temps immémorial, une grande importance aux actes revêtus d'un sceau, appelés en anglais *deeds* . Qu'est-ce qu'un *deed?* C'est un acte sur parchemin ou même sur papier ordinaire, revêtu de la signature des parties et en même temps de leur sceau. J'ai, depuis dix ans, cherché à établir, pour ma propre satisfaction, quelle pouvait être la supériorité d'un acte ayant un sceau sur celui n'en ayant pas. Mais le droit commun, plus perspicace que mon intelligence, et en raison de la solennité attachée au parchemin et au sceau, ou simplement au sceau, a établi : 1° qu'on ne saurait attaquer l'acte revêtu d'un sceau que pour dol, autrement il est la vérité même; 2° que même en supposant une obligation sans cause, pourvu que cette obligation soit écrite dans un *deed*, elle est valable *inter partes ;* 3° la prescription est de vingt ans lorsqu'il s'agit d'un *deed*, et de six ans lorsqu'il s'agit d'un acte ordinaire.

Voilà les diverses espèces de créances.

Il convient de parler brièvement à cette place : 1° d'actions *ex delicto ;* 2° d'actions *ex contractu*, telle étant la grande division des actions personnelles, d'après les livres, bien que dans la pratique on ne parle plus guère de divisions d'actions. La règle générale des actions *ex delicto* est celle-ci : *Actio personalis moritur cum persona*. A ce principe, il y a quatre exceptions résultant de trois lois expresses, c'est-à-dire une loi d'Édouard III, une loi de 1833, une loi de 1847.

La loi d'Édouard III porte que l'exécuteur testamentaire aura une action pour tout dommage fait, du vivant du testateur, au préjudice d'un effet mobilier. La loi de 1833 donne à l'exécuteur ou à l'administrateur une action pour tout dommage causé aux immeubles, mais cette action doit être intentée dans l'année du décès, et le préjudice a dû être causé dans les six mois précédant le décès. La même loi de 1833 donne une action contre l'exécuteur ou l'administrateur d'une personne décédée, laquelle a causé un dommage à un bien mobilier ou immobilier, action devant être intentée dans les six mois après l'entrée en fonctions de l'exécuteur. Le préjudice a dû être causé dans les six mois précédant le décès de la personne en question. La loi de 1847 donne une action en dommages-intérêts à l'exécuteur ou à l'administrateur d'une personne dont la mort a été causée par le fait d'autrui, contre cet autrui, mais cette action doit être intentée dans l'année du décès, et au profit de la femme, du mari, de parents, des grands-pères ou grand'mères, beau-père ou belle-mère, enfants et petits-enfants du défunt. Le juré fait le partage. S'il n'y a pas d'exécuteur ou d'administrateur, ou si celui-ci n'a intenté aucune action dans les six mois, les parents peuvent intenter l'action.

Un autre incident des créances, c'est l'intérêt. Le droit commun n'en accordait pas : l'intérêt devait être stipulé par le contrat, à moins que celui-ci ne fût une lettre de change ou un billet à ordre, ou qu'il n'y eût un usage accordant l'intérêt. Depuis une loi promulguée en 1834, j'intérêt est une conséquence de l'acte écrit, et, depuis une loi postérieure, le taux de l'intérêt de l'argent est celui dont les parties sont convenues entre elles, la pensée du législateur étant que l'argent est une marchandise comme une autre, et vaut ce qu'il vaut pour l'emprunteur.

3° Biens meubles incorporels.

Ce sont : 1° les rentes viagères ; 2o les rentes sur l'État ; 3° les actions des Compagnies particulières ; 4o les brevets ; 5o le droit d'auteur.

La dette publique d'Angleterre remonte à la révolution

de 1688. Il n'y a rien dans la loi portant que les rentes viagères ou les rentes sur l'État sont incessibles ou insaisissables.

Le troisième chef n'entre pas dans le cadre de cette partie du chapitre.

Quant aux brevets et au droit d'auteur, à cause de l'utilité publique de ces sujets, il vaut mieux en parler longuement.

Les brevets dérivent de la prérogative du souverain. Ce dernier pouvait, avant la loi sur les monopoles, promulguée sous le règne de Jacques Ier, les accorder sous telles conditions qu'il lui plaisait d'agréer. Cette loi a mis fin à cet état de choses, et, jusqu'au commencement du règne de la souveraine actuelle, les brevets n'étaient valables que pendant quatorze ans. Depuis 1837, ils peuvent être prolongés par le Conseil du Souverain pendant un nouveau terme de quatorze ans.

La loi sur les brevets est actuellement celle de 1883. Elle sert presque de Code.

Il est de principe que l'objet du brevet doit être nécessairement une chose manufacturée et non pas, par exemple, un dessin. Ainsi, portez à l'administration un dapier pour chèques qu'il soit impossible de reproduire, sans employer le système de l'inventeur, l'administration ne vous accordera pas un brevet, mais elle l'accordera pour la machine servant à produire ce papier.

Il est également de principe que le brevet est accordé au premier inventeur.

Quant aux inventions étrangères, celui qui les introduit le premier dans le Royaume-Uni peut obtenir un brevet.

La loi de 1883 porte que la demande et la description de l'objet du brevet peuvent être déposées par un nombre quelconque de personnes. Ces pièces sont étudiées par deux chefs de l'administration, dont le second peut rejeter la demande ou exiger une modification. Neuf mois sont

accordés pour fournir la description détaillée. Suivent des
articles prescrivant l'insertion de la description dans les
journaux et d'annonces avertissant le public que, dans les
deux mois, tout le monde pourra s'opposer à ce qu'un
brevet soit accordé, opposition qui sera jugée par un des
chefs de l'administration avec appel au Procureur général.
Si la décision est favorable, ou si dans les quinze mois il
n'y a pas opposition, le brevet est accordé. Si l'inventeur
meurt dans les quinze mois, ses ayants droit peuvent poursuivre la demande. La loi accorde la protection provisoire
jusqu'à l'époque où le brevet est scellé du sceau royal. Dès
cette époque, une action pour cause d'infraction au brevet pourra être intentée devant la Haute Cour. Pour obtenir le sceau, il faut payer 100 francs. Au bout de quatre
ans, il faut verser 1,250 francs ; au bout de sept ans,
2,500 francs.

C'est le comité judiciaire du Conseil privé du Souverain
qui statue sur les demandes de prolongation des brevets
au delà de la période de quatorze ans.

Les dessins et les marques de fabrique sont également
régis par la loi de 1883 et confiés à la même administration.

Quant au droit d'auteur, la coutume prescrivait qu'il
était perpétuel. De nos jours, une loi promulguée au commencement du règne, régit cette matière, au point de vue
de l'inscription et de la cession. La durée est de quarante-
deux ans ; mais, si la vie de l'auteur se prolongeait au
delà de ce terme, la durée serait de la vie de l'auteur et
sept ans après. La durée est de quarante-deux lorsque le
livre est publié après la mort de l'auteur.

Les encyclopédies, les revues et les ouvrages publiés
par livraison appartiennent à l'éditeur. Les livraisons ne
peuvent être reproduites séparément pendant vingt-huit
ans sans le consentement de l'auteur ; lequel, à partir de
cette époque et jusqu'à l'expiration du délai ci-dessus, a
seul le droit de les reproduire.

Pour être protégé, il faut que l'auteur fasse inscrire l'ouvrage à un bureau *ad hoc*. Pour céder, la même formalité est requise. Elle est d'ailleurs gratuite.

L'action que peut avoir l'auteur doit être intentée dans les douze mois de l'infraction alléguée par lui.

ar une loi de 1882, les compositions musicales, pour être protégées, doivent contenir, au bas de l'intitulé, mention de la réserve de tous droits.

Le droit d'auteur s'étend en principe aux conférences et aux pièces de théâtre. Les pièces de théâtre et les compositions musicales sont protégées pendant vingt-huit ans ou jusqu'à la mort de l'auteur. Chaque violation de son droit entraîne une pénalité de 40 schellings, mais l'action doit être intentée dans l'année.

A l'égard du droit d'auteur, au point de vue international, en vertu d'une loi promulguée il y a trente ans, des conventions ont été conclues entre : 1° la France, 2° la Suisse, 3° la Saxe, 4° les États Sardes. Dans les trois mois de la publication à l'étranger, l'auteur doit faire inscrire son ouvrage. L'auteur doit aussi faire la mention, au bas de l'intitulé, qu'il se réserve tous droits de traduction ; mais, pour que cette traduction ne puisse se faire par des tiers, elle doit être publiée dans un an et la totalité de l'ouvrage traduit dans trois ans. S'il s'agit de pièces de théâtre ou d'articles de journaux, trois mois sont accordés pour la traduction.

J'ajoute que les gravures, les peintures, les photographies, etc., sont également protégées.

4° Modes d'aliénation ou d'acquisition de la propriété des biens meubles.

Toutes sortes de meubles sont aliénables par voie de donation et de testament, ou en vertu de la loi quand il n'existe pas de testament.

Les choses *in possession* sont aliénables par : 1° don et livraison, 2° acte sous sceau, 3° vente.

Les choses *in action* sont aliénables par un acte écrit,
signé et signifié au débiteur.

A l'égard des biens meubles incorporels, s'il s'agit d'actions d'une compagnie, elles sont aliénables par un acte
sous sceau inscrit au bureau de la Compagnie ; par la simple livraison bien entendu, si les actions sont au porteur ;
s'il est question de brevets, il faut un acte sous sceau ;
enfin, s'il s'agit de droit d'auteur, il faut un écrit, comme
nous l'avons dit.

A l'égard du premier mode d'aliénation, le testament,
il n'y a aucune réserve légale d'après la loi anglaise. On
peut disposer de la totalité des biens meubles en faveur
d'étrangers, si l'on veut.

La loi réglant la dévolution des biens meubles, en l'absence de testament, a été promulguée sous Charles II. Elle
porte que, si une femme meurt laissant un mari, la totalité des biens meubles revient au mari ; si le mari meurt,
laissant une femme et des enfants, la femme prend un
tiers et les enfants les deux tiers ; s'il meurt laissant une
femme seulement, elle prend la moitié, et les plus pro-
ches parents du *de cujus* prennent l'autre moitié ; s'il ne
reste que des enfants, ils partagent également entre eux
les biens meubles et le droit de représentation est admis ;
s'il y a des enfants de deux mariages, ces enfants partagent
également entre eux.

Lorsque l'un des enfants a reçu, du vivant du *de cujus*,
une partie de ce qui devait lui revenir, cet enfant doit le
rapport de cette partie à la masse. Le rapport a lieu en
moins prenant.

Il y a d'autres dispositions en faveur du restant des parents et alliés.

La loi ne présume rien au cas où plusieurs personnes
appelées successivement à la succession l'une et l'autre
périssent dans un même événement. (Articles 720-722
Code civil).

5° Biens meubles en général.

Je désire parler : 1° De laconstitution de fidéicommis.

2° De la co-propriété.

3° Des droits du mari ou de la femme aux biens meubles du conjoint.

4° De la prescription.

1° L'article 896 du Code civil porte que les substitutions sont prohibées. La loi anglaise les permet, non pas le droit commun, mais l'équité. Le droit commun a opposé une résistance énergique, en cela il a eu parfaitement raison, à l'introduction de cette institution de la loi romaine, institution qui a pourtant fini par former une partie très importante de notre système de jurisprudence. Le fidéicommissaire c'est le propriétaire au point de vue du droit commun, et au point de vue de l'Équité, le mandataire de celui qui l'institue. Ce mandataire peut être créé par un acte sous sceau ou par testament, lequel n'est pas un acte sous sceau mais un simple acte revêtu de la signature du testateur et de celle de deux témoins. Peut-il y avoir de fidéicommis à l'égard de biens meubles ? Oui. A laisse des actions à B qu'il charge de faire jouir C des revenus, et après la mort de C de remettre les actions à D D'après le droit commun, B. était propriétaire pur et simple. En Équité, il était le mandataire de A. Enfin, par la loi de 1873, la fusion est opérée entre les deux systèmes de jurisprudence, et s'il y a conflit sur un point quelconque, la jurisprudence de l'équité doit prévaloir.

Si C est usufruitier de choses se consommant par l'usage il en est le propriétaire.

La fonction de fidei-commissaire est absolument gratuite.

2° La copropriété, appelée en droit anglais « *Joint Tenancy* ou *Tenancy in Common* suivant que la propriété est indivise ou par parts séparées, exige quelques explications.

Nul n'est tenu de rester dans l'indivision, dit l'article 815 du Code civil. Il n'existe aucune disposition semblable dans le droit anglais, en matière mobilière.

Par contre, le droit commun porte que le survivant de deux ou de plusieurs propriétaires indivis, a droit à la totalité des biens indivis, quelles que soient les clauses contenues dans les testaments des propriétaires décédés. Le fisc même considère ce droit du survivant comme une succession. !

Ce droit inéquitable n'existe pas dans le cas d'associations commerciales : les choses *in possession*, les choses *in action*, les biens immeubles ayant appartenu à l'association, considérés d'ailleurs comme meubles par la loi, sont divisibles parmi les associés survivants et les ayants droit des associés décédés. Exception pourtant pour la clientèle qui revient absolument au survivant.

L'Équité, l'un des systèmes de jurisprudence les plus admirables qui aient jamais existé, avait toujours vu d'un mauvais œil le privilège du survivant et avait mitigé dans beaucoup de cas les règles de l'ancien droit. Les préteurs anglais auraient mieux fait de supprimer complètement ce dernier. Ainsi, mes compatriotes auraient pu jouir de l'unité de la jurisprudence, et ne pas se voir entourer de confusions interminables, confusions d'ailleurs n'ayant pas encore entièrement cessé d'exister, et provenant, notamment aujourd'hui, de la règle nouvelle elle-même portant qu'en cas de conflit, la jurisprudence de l'Équité doit prévaloir.

3₀ Le droit commun était généreux à l'égard de la femme mariée. En l'absence d'un contrat de mariage il remettait tous ses biens meubles, y compris les créances, à son mari, pourvu que celui-ci réalisât les créances pendant le mariage. Cet état de choses exista jusqu'en 1870. La loi de 1882 met la femme dans la même situation que son mari relativement à ses propres.

Elle peut donc contracter, aliéner gratuitement ou tester, à l'égard de ses biens, sans l'assentiment ou le concours de son mari, et sans l'assistance d'un fidéicommissaire. Je pense pourtant que l'intervention de ce dernier sera toujours indispensable pour valider un contrat entre mari et femme. En outre, la femme conserve pour elle tous ses propres, elle peut ester en jugement comme si elle n'était pas mariée, mais toujours à l'égard de ses propres seulement. Elle peut être poursuivie en raison de sommes dues par elle avant le mariage, le mari aussi s'il a rendu sien partie des biens de sa femme. Enfin, la femme est libre de demander un contrat de mariage commme elle le faisait avant l'existence de la loi.

Telle est la situation créée à la femme en l'absence de tout contrat de mariage.

A supposer que la femme ait signé un contrat, ce contrat remplacera la loi, car la loi n'est faite que pour la protéger, mais elle peut refuser cette protection si elle le juge convenable. Ordinairement, par contrat, on donne la jouissance des revenus à la femme pendant sa vie, après sa mort cette jouissance échoit au mari, et après la mort de ce dernier, le capital revient aux enfants où, s'il n'y en en pas, à ceux que la mère a pu désigner par son testament.

Parmi les droits de la femme (il est inutile de parler de ceux du mari), on ne doit pas oublier que, lors même que la femme aurait cent mille francs de rente, elle a le droit de les conserver consciencieusement et de demander à son mari tout ce qu'il lui faut pour sa nourriture et son entretien, suivant sa situation sociale. Nous sommes tombés d'un abus dans un autre, seulement le dernier est infiniment pire que le premier et a la loi expresse pour lui. Quant au malheureux mari, il est dans cette position, s'il n'a plus rien et que sa femme ait quelque chose, elle peut être contrainte de le faire vivre, mais vivre s'entend, dans ce cas, du pain et de l'eau, tels qu'ils sont fournis par l'État au pauvre. Le chef de famille doit d'abord avoir recours à l'État et l'État peut poursuivre la femme pour ce que son mari a coûté au premier. O loi trois fois généreuse, due à l'initiative et aux soins empressés de quelques femmes de talent ! C'est ainsi qu'elles nous mèneraient en Angleterre si jamais elles avaient le gouvernement.

Aussi faut-il réfléchir avant de leur confier le pouvoir.

4° Les prescriptions connues de la loi anglaise s'appliquent aux choses *in action* et sont des prescriptions d'action, résultant toutes d'ailleurs de la loi expresse. Le droit commun ne prescrivait aucun délai ; je ne puis rien trouver, dans la loi anglaise, au sujet de la prescription des choses *in possession*, autrement dit de la propriété mobilière ; j'en conclus que le droit de propriété à l'égard des « choses » en question est imprescriptible.

Lois sur les immeubles

Étudions maintenant les lois sur les immeubles, lois féodales par excellence.

Ces lois se rapportent : 1° Aux diverses modifications de la propriété immobilière.

2° Aux droits immobiliers ;

3° Aux servitudes ;

4° Aux modes d'aliénation ou d'acquisition de la propriété des immeubles.

5° Aux actes translatifs de la propriété.

Les différentes modifications de la propriété sont :

1° Le droit de jouissance ;

2° Le droit d'usufruit ;

3° Le droit de propriété conditionnel ;

4° Le droit de propriété pur et simple ;

5° Le droit de propriété appelé *copyhold*.

Les droits immobiliers sont :

1° La nue propriété appelée *reversion ou remainder*.

2° Certains droits futurs appelés *executories interest*.

Les servitudes sont à peu près les mêmes qu'en droit français.

Les modes d'aliénation ou d'acquisition de la propriété sont : 1° la vente ; 2° la donation ; 3° le testament ; 4° *la loi*, 5° Curtesy, 6° Dower, 7° La prescription.

Les actes définitifs sont les actes sous sceau, dont il y a trois espèces. Exception est faite pour tout contrat préliminaire et l'acte conférant un droit de jouissance n'excédant pas trois années. Un acte ordinaire suffit dans ces deux cas.

Les modifications de la propriété, la partie la plus essentielle de ce sujet général, proviennent de la féodalité introduite par les Normands. La féodalité s'occupait : 1° des hommes libres et 2° des vassaux. Aux uns elle accordait le droit de propriété absolu ou conditionnel, et le droit d'usufruit ; aux autres, elle accordait le *copyhold*. Quant au simple droit de jouissance, il n'a rien à faire avec la féodalité et c'est principalement le droit commun qui le régit.

Les droits immobiliers, conséquence de ces modifications, sont l'œuvre de jurisconsultes.

Les servitudes dérivent, je pense, du droit commun. Il en est de même pour les deux derniers modes d'aliénation ou d'acquisition de la propriété immobilière.

Les actes dérivent en principe du droit commun.

Des lois expresses ont été faites en ce qui concerne les modifications de la propriété, les droits immobiliers, les servitudes, les modes d'aliénation ou d'acquisition de la propriété, enfin les actes.

Ces lois ont été nécessitées par le progrès social ou une interprétation uniforme, estimée regrettable, donnée par les tribunaux compétents.

Le droit de jouissance qui ne s'étend pas à la vie d'une personne est considéré, quelle que soit sa durée, comme étant un droit mobilier. La jouissance pendant mille ans est donc un droit mobilier, mais la jouissance pendant la vie de X est un droit réel.

Les autres modifications de la propriété constituent, bien entendu, des droits réels.

Le droit de jouissance est un droit mobilier parce qu'à l'origine de la féodalité le plus petit droit réel que les hommes libres voulussent admettre, comme étant digne de ce nom, était l'usufruit.

La terre leur était livrée par le souverain en échange de services militaires. Le droit au bail créait un état de choses trop précaire pour que l'homme libre voulût s'en occuper.

Si le bail est pour un an et ainsi de suite d'année en année, l'avis à donner pour y mettre fin doit expirer le jour où la première année s'est terminée, et doit être donné six mois à l'avance.

Un bail, pour une période n'excédant pas trois ans, peut être fait verbalement ou par un acte ordinaire, pourvu que le loyer soit des deux tiers de la valeur au moins. Autrement il faut un acte sous sceau.

Quelques points de droit au sujet des baux doivent être constatés à cette place.

Le bail stipule ordinairement que, dans des cas déterminés, le propriétaire pourra y mettre fin et reprendre possession de l'immeuble loué. Avant les lois récentes et notamment celle de 1881, le propriétaire n'avait qu'à intenter son action et s'il insistait sur un jugement, le tribunal n'avait qu'à adjuger ses conclusions. D'après la loi de 1881, il faut que le propriétaire signifie un avis au locataire d'avoir à remettre les choses dans leur premier état. Si, dans le délai voulu, le locataire ne fait pas le nécessaire, le tribunal pourra adjuger la reprise de possession par le propriétaire. Nous reviendrons sur ce sujet à la fin de ce travail.

Un droit au bail ne peut être cédé que par un acte sous sceau. On peut toutefois en disposer par testament.

Le propriétaire n'a aucun droit contre le cessionnaire d'une partie du terme stipulé au bail.

La même loi de 1881 porte que les baux de trois cents ans dont il existe deux cents ans à courir et où le loyer n'est plus payable, peuvent être convertis en droit de propriété pur et simple.

De cette loi de 1881, je tire cette conclusion générale : c'est que plus nous avançons, plus les lois deviennent justes et équitables ; en outre, les lois d'aujourd'hui sont beaucoup moins ambiguës que celles d'autrefois.

Le droit d'usufruit est le droit réel le moins important. D'abord droit inaliénable de père en fils, le droit d'usufruit est ensuite devenu aliénable par les modes ordinaires et enfin par testament. Ce dernier mode remonte à une loi promulguée sous Henri VIII.

La féodalité n'admettait que l'interprétation la plus rigide des dispositions contenues dans les actes. Dès lors, si l'on donnait à X une terre, X n'avait et n'a toujours qu'un usufruit. On est moins sévère dans le cas d'un testament : alors le droit conféré à X est un droit de propriété pur et simple.

Quant aux droits de l'usufruitier, on peut dire qu'ils sont les mêmes qu'en droit français. L'obligation de fournir caution n'est pas écrite dans la loi anglaise.

L'usufruit résulte d'un acte sous sceau ordinaire ou d'un acte de fidéicommis. Ce dernier sera expliqué ci-après.

Je dois dire quelques mots de la loi de 1882. Lorsque, par le même acte (*settlement*), des droits d'usufruit et de propriété sont stipulés en faveur de personnes devant se remplacer dans un certain ordre, la première, c'est-à-dire l'usufruitier, pourra vendre la propriété, donnée en usufruit, aux enchères, l'échanger ou la louer pour vingt et un ans. Exception est faite en ce qui concerne la maison principale d'habitation. Pour la vendre, il faut le consentement des fidéicommissaires nommés dans l'acte ou l'autorisation du tribunal.

La signature de l'acte de vente par l'usufruitier est suffisante.

Suivent des clauses pour le remploi du prix de vente, etc.

Les mineurs propriétaires purs et simples sont, par la loi de 1882, considérés comme usufruitiers. Les fidéicommissaires ou, s'il y en a pas, le tribunal, peuvent ordonner les mesures ci-dessus spécifiées.

Cette loi peut paraître extraordinaire. Elle a le but pratique que voici : un acte du genre dont il s'agit désignant plusieurs intéressés, et chacun d'eux n'entrant en jouissance de son droit qu'après une période et dans des circonstances déterminées, avait pour conséquence de rendre la terre presque invendable, car sitôt que l'un des intéressés disparaissait, il en survenait un autre, et à tous il était imposé les restrictions que ne prohibait pas la loi pour empêcher la vente. Ces actes étaient la règle : la majeure partie de la propriété immobilière était donc soumise à des stipulations peu pratiques. Le législateur voyant l'abus, qui continuera à subsister quelque temps encore, s'est peu soucié de la question de principe et de là est venue la loi.

La féodalité a créé un droit de propriété conditionnel au profit du donataire et de ses héritiers. Le droit du donataire est un droit *sui generis,* se composant : 1° du droit d'usufruit ; 2° du droit de nuire à l'immeuble sans être responsable du préjudice causé au fond ; 3° de la faculté de convertir son droit en un droit de propriété par acte *inter vivos* déposé au Palais de justice, acte intervenu entre le donataire et un tiers, sorte de mandataire chargé, lorsqu'il devient propriétaire fictif en vertu de l'acte, de se dessaisir de son droit au profit du donataire. Si aucun donataire ne passe cet acte, le droit revient aux héritiers directs jusqu'à ce qu'il n'existe plus ni enfants ni descendants du testateur ou du donateur. L'acte établissant le droit comporte souvent, en dehors du donataire susdit, un usufruitier pur et simple. Alors le droit du donataire ne commence à exister qu'à l'expiration de l'usufruit, et le donataire ne pourra passer l'acte dont j'ai parlé qu'avec le consentement de cet usufruitier. De nos jours, le cas le plus ordinaire de ce genre de disposition de la propriété arrive par contrat de mariage. Le père se donne l'usufruit pur et simple de ses biens et accorde à son fils aîné le droit d'usufruit avec faculté de le convertir en un droit de propriété. A l'âge de vingt et un ans, le fils pourra, du consentement de son père, devenir le nu propriétaire desdits biens jusqu'à la mort de son père, et propriétaire pur et simple lors du décès de ce dernier.

La loi cependant dit qu'on ne peut donner qu'à des enfants à naître de personnes vivantes. Donc une clause par laquelle la propriété serait donnée à des enfants à naître de personnes à naître serait nulle.

Le droit de propriété pur et simple ne comportait pas anciennement la faculté d'aliéner, car aliéner c'était détruire le droit du seigneur primitif. La faculté de tester remonte à Henri VIII seulement.

On ne peut aliéner par testament des propriétés en faveur des sociétés de bienfaisance, hôpitaux, etc. (les hôpitaux en Angleterre sont soutenus par des contributions volontaires). Il faut le faire par acte entre vifs passé un an avant la mort du testateur et déposé au greffe du tribunal.

Si le testateur a en vue la création d'un parc, d'une école ou d'un musée, la disposition sera en quelque sorte valable, bien qu'elle soit contenue dans un testament.

. Il faut mentionner qu'antérieurement à une loi promulguée sous Charles II, le droit de propriété était intimement lié avec l'obligation de remplir certains services militaires au profit du seigneur primitif ou ses héritiers. On voit par là l'origine normande du droit de propriété. La loi dont il s'agit a aboli le service militaire.

Le droit du survivant, dans le cas de propriété indivise, est le même qu'en matière mobilière. Un propriétaire peut sortir de l'indivision :

1° Par un acte *inter vivos* consenti par tous les intéressés.

2° Par l'intervention du tribunal qui peut ordonner le partage ou la vente.

3° Par la mort des autres copropriétaires.

4° Par un jugement de partage rendu par des juges *ad hoc* en vertu d'une loi particulière.

Ce dernier mode constitue une usurpation de fonctions judiciaires consacrée par le Parlement.

Étudions maintenant le droit de propriété appelé copyhold.

La féodalité a établi pour les vassaux un droit de propriété soumis à la volonté du seigneur et à la coutume particulière de la seigneurie à laquelle la terre du vassal appartient. Ce droit c'est le copyhold. Je parle au temps présent car les descendants des vassaux d'autrefois ou leurs ayants droit n'ont actuellement en droit strict que la même possession précaire qu'avaient autrefois leurs ancêtres.

Comme le copyhold est un sujet à part, je le traiterai ici entièrement, commençant par la nature de ce droit et les modifications reconnues de cette sorte de droit de propriété, et terminant par les modes d'aliénation du copyhold.

On ne peut plus depuis longtemps acquérir de copyhold, mais cela n'empêche pas le pays d'être divisé toujours en seigneuries et les copyholds d'exister encore partout.

Le titre de propriété, c'est la copie textuelle de cette partie du livre de la seigneurie concernant la propriété particulière, car il n'existe pas de seigneurie qui n'ait son livre où toutes les transmissions ou aliénations ne soient tout d'abord rapportées.

Quant à l'origine du droit de chacun, aujourd'hui il n'en reste plus aucune trace. Il faut donc supposer que les seigneurs primitifs étaient aussi ignorants que leurs vassaux ou que les livres ont été tous perdus

Primitivement, le droit était précaire, puis il est devenu indépendant de la volonté du seigneur, pourvu que le vassal remplisse les obligations stipulées entre ses ancêtres et le seigneur, et telle est la situation, au moins en droit strict aujourd'hui.

Mais quel est ce droit et quelles sont ces obligations ? Ce droit constitue véritablement un usufruit perpétuel Quant à la terre elle-même et ce qui est dessous ou dessus, tout cela appartient au seigneur, lequel a ainsi un droit de nue propriété seulement.

Les mines, les arbres et par conséquent la charpente appartiennent au seigneur. Dès lors, il est inutile d'avoir d'arbres ; en effet il ne s'en trouve pas beaucoup sur les propriétés dont je parle.

Les obligations diffèrent dans chaque seigneurie. Les plus ordinaires sont le paiement d'une somme d'argent et la livraison de la meilleure pièce de bétail par l'héritier à la mort de son auteur, et un loyer de peu d'importance.

Ordinairement les trois modifications de la propriété, usufruit, droit de propriété conditionnel, droit de propriété pur et simple, existent dans les seigneuries. Le bail entre le seigneur et celui qui jadis eût été son vassal n'existe pas. Enfin le droit de propriété conditionnel ne se rencontre pas dans toutes les seigneuries.

Les modes d'aliénation sont :

1° Le testament ; 2° l'admission par le seigneur du nouveau vassal, lors de l'aliénation permise par le premier et effectuée sur la demande de l'ancien détenteur Bien qu'au point de vue de la forme, l'assentiment du seigneur à l'aliénation soit toujours nécessaire, le propriétaire ne refuse jamais son concours.

L'hypothèque est effectuée par l'admission conditionnelle ne devant avoir lieu qu'au cas d'inexécution par l'emprunteur des stipulations contenues dans l'acte [1]

Droits immobiliers

La nue propriété peut, lorsqu'un usufruit est accordé, exister au profit de l'ancien propriétaire ou bien revenir à un tiers. Dans le premier cas elle s'appelle *reversion,* dans le second *remainder*.

Supposons qu'on me laisse à moi et à mes héritiers une nue propriété, et à un tiers, l'usufruit ; celui-ci ne devant naître qu'après ma mort : quel sera mon droit ? la jurisprudence a décidé que mon droit serait un droit de propriété pur et simple, soumis pourtant à l'usufruit, et que je pourrais disposer de mon droit comme bon me semblerait, en ne tenant nullement compte du droit éventuel de mes héritiers, mais seulement de l'usufruit.

La nue propriété devant revenir à un tiers peut, d'après l'acte, ne prendre naissance que dans certaines éventua-

---

1. Une source de privation d'un droit est celle pouvant résulter de la loi. Je parle de la doctrine appelée *merger*, doctrine féodale par excellence ; en voici la conséquence la plus importante : lorsqu'un propriétaire en vertu d'un titre de *freehold*, autrement dit un usufrutier, un propriétaire conditionnel ou un propriétaire pur et simple acquiert la possession en vertu d'un titre inférieur, un bail, par exemple, de mille ans, ce dernier titre vient se perdre (*merges*) dans le titre supérieur, conséquence ne pouvant exister, si l'on excluait la féodalité de nos lois.

lités ; ainsi je lègue à X l'usufruit et la nue propriété aux enfants de Y, garçon à l'époque où l'acte est fait.

On doit observer trois règles pour la création de cette sorte de propriété : 1° l'usufruit et la nue propriété doivent être accordés ou cédés par le même acte ; 2° la nue propriété doit pouvoir être transférée pendant l'existence ou au moment de l'expiration de l'usufruit ; 3° la nue propriété ne peut être accordée à l'enfant d'un auteur qui n'est pas né lui-même.

D'après l'ancienne jurisprudence, on ne pouvait disposer d'une nue propriété autrement que par testament. Aujourd'hui on peut se servir aussi du moyen de l'acte *inter vivos*.

D'après la même jurisprudence, la vente par l'usufruitier au nu propriétaire (Par exemple avant la naissance d'un enfant à Y, X vend son usufruit à Z, nu propriétaire à défaut d'enfant survenant à Y) aurait détruit le droit des enfants en question malgré qu'ils eussent été vivants à la mort de X, car Z les aurait exclus définitivement, son droit de propriété remontant à la signature de l'acte de vente. Depuis la loi de 1845, le droit des enfants en question serait sauvegardé, malgré l'acte, pourvu qu'ils soient vivants à la mort de X.

Les droits futurs appelés *executories interests* ne peuvent être créés qu'en vertu d'une loi d'Henri VIII dont je parlerai plus loin, et par testament. Il s'agit de droits indestructibles à naître dans certains cas déterminés, dont la naissance peut avoir l'effet de mettre fin aux droits d'un autre intéressé. Ainsi je lègue à X, fidéicommissaire, une terre pour qu'il la cède : 1° à telle personne que Y indiquera par voie de testament ou par acte *inter vivos*, et 2° jusqu'à l'exercice par Y de la faculté dont il s'agit, à Z et ses héritiers. Il est évident que le droit de Z doit cesser dès que Y nommera les nouveaux donataires. Le droit de ceux-ci s'appelle *executory interest*.

Les règles devant être observées pour la création de cette sorte de droits futurs, sont relatives à la période au delà de laquelle ils ne sauraient prendre naissance. La loi permet que la naissance du droit soit différée jusqu'après la mort d'un nombre quelconque de personnes vivantes et vingt et un ans au delà. Donc une clause par laquelle on accorderait semblable droit au fils aîné du survivant de dix personnes lorsque ce fils aurait vingt-quatre ans, serait absolument nulle.

Une loi spéciale existe pour les accumulations des intérêts ou du revenu. Un certain testateur avait donné à son exécuteur les instructions suivantes : Accumulez les revenus de mes biens pendant la vie de tous mes enfants, petits-enfants et arrière-petits-enfants qui vivront lors de mon décès et remettez les revenus ainsi accumulés à tels et tels descendants futurs du survivant de ces enfants qui vivront lors du décès de ce survivant. Une loi du commencement du siècle astreint le donateur ou testateur à choisir entre quatre périodes : 1° la vie du donateur ou testateur ; 2° vingt et un ans après ; 3° la période de la minorité d'une personne née ou conçue lors du décès du donateur ou testateur ; 4° la période de la minorité de celle qui, si elle était majeure, aurait droit aux revenus dont il s'agit.

Les servitudes (*Easements*)

En droit français, les servitudes naissent : 1° des conventions et particulièrement de la destination du père de famille ; 2° de la prescription trentenaire ; 3° de la situation des lieux ; 4° de la loi.

La servitude dérivant de la destination du père de famille est reconnue par la loi anglaise.

La prescription en droit anglais est de trente ans pour le droit de pacage, de vingt ans pour le droit de puisage et de passage, etc., de vingt ans pour la servitude de vue (loi de 1833).

La prescription est interrompue : 1° par un avis auquel celui qui jouit de la servitude, s'est conformé dans le délai d'un an ; 2° par l'incapacité (même loi).

La servitude dérivant de la situation naturelle des lieux est désignée quelquefois servitude dérivant de la nécessité ; les règles sont les mêmes dans les deux droits.

A l'égard du sol des rivières non navigables, la présomption est qu'il appartient par moitié aux propriétaires riverains.

Un propriétaire a le droit au support latéral du terrain de son voisin en tant que ce support est nécessaire pour maintenir le terrain du premier propriétaire dans son état naturel. Il a le même droit en ce qui regarde ses constructions après l'expiration de vingt ans.

A l'égard des servitudes dérivant de la loi, particulièrement celle qui est relative aux mur et fossé mitoyens, la loi anglaise ne diffère pas en substance de la loi française.

Mais telle n'est pas la division des servitudes d'après le droit anglais. Les servitudes sont : 1° affirmatives ou 2° négatives ; les unes, telles que le droit de passage, entraînent un préjudice direct ; les autres, un préjudice indirect. Exemple : la servitude de l'eau tombant d'une propriété sur une autre.

Les servitudes résultent d'une convention tacite. La convention tacite comprend la destination du père de famille et la prescription.

La prescription doit être hostilement acquise et n'avoir pas rencontré de résistance.

La possession doit avoir existé pendant le terme indiqué par la loi : elle a dû être paisible et continue.

Les servitudes s'éteignent comme en droit français, sauf que la période de non-usage est plutôt vingt ans que trente ; elle est plus courte encore si l'intention ne saurait être contestée.

Modes d'aliénatiou ou d'acquisition de la propriété

Les biens immobiliers peuvent être achetés aux enchères publiques ou de particulier à particulier.

La vente devant le tribunal est inconnue chez nous.

La vente aux enchères est conduite par un commissaire-priseur (*auctioneer*), qui a pour mission de vendre publiquement toutes espèces de biens.

La vente d'immeubles ordonnée par le tribunal compétent a lieu aux enchères.

La nature de la vente est la même dans les deux droits. En principe, *res*, *pretium*, *consensus* sont les seules conditions nécessaires pour la perfection de la vente. Cependant, malgré l'existence de ces trois conditions, la vente qui n'a pas eu lieu par écrit et définitivement par un acte sous sceau ne saurait donner lieu à une action, sauf le cas où l'écrit n'a pas été fait pour cause du dol de l'une des parties et le cas où le contrat verbal a été suivi d'une exécution partielle, ainsi le vendeur a mis l'acheteur en possession de la propriété vendue.

La règle dérive de la loi promulguée sous Charles II, sous le nom de *Statute of Frauds* : les exceptions dérivent de la jurisprudence.

En principe général, tout le monde peut être vendeur ou acheteur. Les exceptions sont relatives à l'incapacité absolue; à l'incapacité des mineurs, des femmes mariées et des aliénés. Le seul cas d'incapacité absolue arrive lorsqu'un citoyen est mis hors la protection de la loi, mais je ne trouve aucun cas où une telle mesure soit prise aujourd'hui. Quant à l'incapacité des mineurs, comme elle est établie en leur faveur, leur obligation sera nulle, mais celle du capable sera valable. Quant aux femmes mariées, elles peuvent, d'après la loi de 1882, contracter librement à l'égard de leurs propres. Donc tout contrat de vente par elles consenti à l'égard d'autres biens ou moyennant une somme d'argent ne formant pas partie de ces biens, est nulle.

Je n'ai pas besoin d'insister sur les choses pouvant être vendues.

Les obligations du vendeur consistent : 1° à livrer la chose vendue ; 2° à la garantir.

En droit anglais, la deuxième obligation n'existe que sous une forme très atténuée ; la garantie remontant seulement à l'époque de la précédente vente. Si donc le vendeur a lui-même acheté la terre qu'il vend ensuite, la garantie ne s'étendra qu'à ses propres actes. Pour le reste, l'acheteur doit examiner avec soin les titres de propriété. Ces titres doivent remonter à une période de quarante ans.

Le débiteur hypothécaire doit fournir une garantie absolue.

Le vendeur doit faire connaître les défauts cachés.

Un vendeur coupable d'avoir trompé un acheteur sur la valeur, acheteur qu'il a empêché de prendre les précautions nécessaires, verra son contrat résilié par le tribunal. De même s'il a fait une fausse déclaration relative à l'évaluation qui aurait été faite. De même s'il ne fait pas connaître à l'acheteur les charges dont l'immeuble est grevé. Le vendeur devra des dommages-intérêts s'il a fait une fausse déclaration au sujet du montant des revenus de l'immeuble. Le vendeur qui donne une description inexacte de l'immeuble peut être condamné à des dommages-intérêts. Il peut voir son contrat résilié, si une partie essentielle de la propriété vendue ne lui appartient pas. Le vendeur peut se servir d'un agent, mais d'un seul, pour enchérir dans le cas d'une vente aux enchères.

L'acheteur qui ne paie pas son prix à l'époque stipulée, doit des intérêts à partir de cette époque, à moins que le retard dans le paiement ne soit causé par le fait du vendeur.

Le défaut par l'acheteur de payer son prix entraîne pour le vendeur le droit de demander l'exécution de l'acte, sa résolution ou des dommages-intérêts.

Comme il n'existe pas de bureaux des hypothèques en Angleterre, sauf en Middlesex et en York, le droit du vendeur de transférer la propriété résultera de la possession des titres ; chacun les a entre les mains, sauf pourtant le cas d'un droit postérieur à un usufruit ; l'usufruitier étant le légitime détenteur des titres.

Les causes de nullité et de résolution de la vente sont :

1° Le dol du vendeur jugé suffisant ;

2° L'absence d'un contrat préliminaire écrit ou d'un acte définitif sous sceau ;

3° La vilité du prix ou l'exagération de la valeur dans des proportions jugées suffisantes. Ajoutons qu'il faut aussi qu'il y ait dol ;

4° Le non-établissement du droit de propriété, lorsqu'il y a plusieurs lots de terrain et que les titres présenteraient trop de complications s'il fallait séparer les lots. Au cas contraire, le tribunal retranchera au prix de vente la valeur des lots non vendus ;

5° Si la qualité ou la quantité n'est pas celle stipulée, lorsque le tribunal juge qu'une simple compensation en argent serait insuffisante.

Il se présente deux questions accessoires d'une certaine importance : 1° le privilège du vendeur existe-il ? oui, le vendeur a un privilège pour telle partie du prix de vente qu'il n'a pas reçu ; 2° l'acheteur est-il obligé de veiller au remploi ?

Voici ce que la loi de 1881 dit à ce sujet : Un fidéicommissaire vendeur peut donner une décharge valable du prix de vente, et l'acheteur n'est pas tenu de veiller au remploi de l'argent.

La donation d'un immeuble n'entraîne pas la considération de la question de la réserve légale, cette dernière n'existant pas. Le donateur peut-il faire la donation autrement que par un acte sous sceau? La loi porte que tout *contrat* relatif à des immeubles ou toute vente immobilière doit s'effectuer par un acte sous sceau. Mais la donation pure et simple n'est ni un contrat ni une vente ; le seul obstacle est dès lors la coutume prescrivant qu'un acte sous sceau supposera l'existence d'un équivalent.

Le troisième mode d'aliénation est celui par voie de testament. Puisqu'il n'y a pas d'héritier réservataire en droit anglais, le testateur est libre de faire absolument comme il veut, si l'on retranche la loi de Georges II, prohibant l'aliénation d'immeubles en faveur de sociétés de bienfaisance. Nous étudierons cette loi au chapitre des legs.

Par la loi de 1837, le testament n'est valable qu'à la condition d'être signé par le testateur en présence de deux témoins devant signer avec le testateur. Tout homme de vingt-un ans peut être témoin, mais s'il est légataire en même temps, il perd les avantages que lui accorde le testament. La loi ne dit pas que les témoins ne peuvent pas être des femmes, mais il ne faut pas conclure de cette omission que la loi entend sortir de la règle ordinaire.

Le quatrième mode d'aliénation est celui résultant de la loi, en l'absence d'un testament.

La loi de 1834 règle toute cette question. Elle consacre le droit de primogéniture provenant de la féodalité, et opère trois modifications de la loi antérieure. L'auteur est le dernier propriétaire qui n'a pas hérité de l'immeuble. Avant la loi, l'auteur était le dernier propriétaire, la maxime étant *seisina facit stipitem*. On n'a probablement jamais vu une loi si contraire au bon sens, mais il est vrai que le bon sens n'a jamais été obligatoire, à peine de nullité des lois. La parenté consanguine ou utérine est maintenânt admise. Elle vient après la parenté du même rang dans les deux lignes. Les ascendants sont admis à défaut de descendants ; comme auparavant, les hommes sont préférés aux femmes.

Lorsque les héritiers sont plusieurs femmes appelées *co-parceners*, chacune a le droit à sa part et portion.

Nous sommes arrivés aux trois derniers modes d'aliénation de la propriété immobilière.

Le droit du mari, en vertu du mariage, à la jouissance des immeubles de sa femme décédée pendant la vie du premier, est subordonné à une condition essentielle, la naissance d'enfants du mariage capables d'hériter des dits immeubles. Ce droit s'appelle *curtesy*. Il existe rarement à cause de stipulations faites par contrat de mariage.

Le droit de la veuve à la jouissance d'un tiers du revenu des immeubles du mari décédé, s'appelle *dower*. Ce droit n'existe plus qu'en théorie.

La prescription en matière immobilière est réglée par une loi de 1874.

Le droit de propriété est prescrit par le laps de douze ans. Le loyer est également prescrit par ce délai. S'il s'agit d'une nue propriété, les douze ans commencent à l'expiration de l'usufruit. La loi accorde six ans à partir de la cessation de l'incapacité, mais l'absence à l'étranger n'empêche pas la prescription. Trente ans est le plus long délai qui puisse être accordé à l'incapable. Les legs d'immeubles sont prescrits par douze ans si aucun intérêt ni aucune reconnaissance n'ont été donnés pendant ce laps de temps. La possession doit être publique, continue et à titre de propriétaire.

Les actes

Les actes anglais sont courts et par conséquent plus

clairs depuis la loi de 1881. En effet on remarque ordinairement que la longueur et les complications vont ensemble. La tendance du législateur est vers la simplicité tant des actes que de la procédure.

Les actes définitifs sont de trois espèces : 1° L'acte ancien dont je ne parle que pour mémoire puisqu'il n'est plus en usage ; 2° l'acte résultant d'une loi d'Henri VIII, dont je dirai quelques mots ; 3° l'acte voulu par la loi de 1845.

Jadis la livraison suffisait pour opérer le transfert de la propriété. Sous Henri VIII, le législateur a reconnu qu'il fallait, en dehors de la livraison, une cause d'obligation, mais l'écrit était toujours inutile. D'après une loi promulguée sous Charles II, l'écrit est devenu obligatoire. Enfin par la loi de 1845, l'écrit est transformé en acte sous sceau.

L'Équité, dont le but est de ramener autant que possible le droit positif aux principes du droit naturel, déclarait que la simple livraison transférant la propriété était une iniquité ; elle rendait donc l'acquéreur fidéicommissaire ou détenteur pour le compte du soi-disant donateur ou vendeur, créant ainsi un intermédiaire dont l'existence empêchait le véritable propriétaire ou bénéficiaire d'être connu, et constituait le bouleversement du droit tel qu'il avait existé jusqu'à la naissance de l'institution nouvelle. Sous Henri VIII, le Parlement renversa cette institution, en prescrivant que les fidéicommissaires seraient seuls reconnus propriétaires. Malgré l'existence de cette loi, qui n'a jamais été abolie, les Chanceliers du temps firent valoir le fait que les actes comprenaient souvent deux bénéficiaires, (je transfère à X pour le bénéfice d'Y pour le bénéfice de Z) pour déclarer que Z ne serait pas déchu de tous droits, mais regardé comme le bénéficiaire et Y comme le fidéicommissaire ; qu'enfin X n'aurait aucun droit. Y sera donc le propriétaire au point de vue de la loi et Z le bénéficiaire au point de vue de l'Équité. Lorsque Y mourra, d'après la loi de 1881, son exécuteur testamentaire ou son administrateur, s'il n'y a pas de testament, continuera de plein droit la gestion d'Y.

Le second acte définitif, constamment employé même de nos jours, est donc celui par lequel la propriété est transférée à un substitué avec mission d'en faire jouir le bénéficiaire.

L'acte moderne est passé entre le vendeur ou donateur et l'acquéreur ou donataire. Il doit exprimer si le transfert est absolu, c'est-à-dire en faveur de tous les héritiers de l'acquéreur ou seulement en faveur de ses héritiers directs, ou enfin pour la vie de l'acquéreur.

J'avais bien des choses à dire, des regrets à exprimer, au sujet des lois réelles. Je désirais notamment faire ressortir que le trait le plus marquant et le plus grave de la féodalité, à savoir la concentration de la propriété dans un petit nombre de mains, était parfaitement resté (En écrivant, il me semble entendre une voix qui dit : « Roturiers, prenez les meubles ; à nous, le sol de nos ancêtres. ») mais j'ai réfléchi : les sources, les origines, voilà ce qu'il fallait rechercher. Désolé de ne pouvoir faire davantage tout comme les hommes de science, je me suis reporté seulement au temps de la création du monde, puis, par suite d'un procédé appelé association d'idées par les philosophes, j'ai découvert deux dates, deux peuples et deux hommes : la première date était l'an 1550 avant l'ère chrétienne ; la seconde, l'an 1000 de notre ère. Les deux peuples étaient le peuple juif et le peuple normand ; les deux hommes Moïse suivi de Josué, et Guillaume Ier le Conquérant. Le peuple juif avait-il changé ses lois ? n'étaient-elles pas toujours celles de Moïse ? J'ai pensé qu'il avait fallu que nous fissions de même ; nous ne devions avoir qu'une loi, cette loi devait être celle de Guillaume Ier le Conquérant, son œuvre ne devait pas être modifiée, l'auteur ayant été le

Moïse et le Josué de son peuple. J'ai également réfléchi sur la situation en l'an 1000. Notre pays ne possédait-il pas, à cette époque, l'univers tout entier, toutes les merveilles des temps modernes, telles que la prépondérance, au moins politique, de la masse sur une infime minorité de privilégiés, une fortune mobilière beaucoup plus importante que la fortune immobilière, la lumière électrique jusque dans tous les salons, les chemins de fer, les bateaux à vapeur, etc., etc.?

J'ai donc opté pour l'existence perpétuelle de l'œuvre même du Conquérant.

Principes de droit le plus ordinairement appelé Droit commun, applicables aux affaires sur lesquelles statue le tribunal du Banc de la Reine

I. LES CONTRATS

Le droit commun fixe les conditions essentielles pour l'existence des obligations ; leurs effets ; leurs diverses espèces ; les modes de preuve et d'extinction des contrats, et le tribunal du Banc de la Reine réglait, avant l'avènement de l'Équité, toutes les espèces particulières, civiles ou commerciales.

L'Équité s'est emparée des espèces suivantes que je traiterai plus loin ; 1° l'hypothèque en matière immobilière ; 2° la vente des immeubles ; 3° l'échange des immeubles ; 4° les contrats de mariage.

Pour qu'il y ait contrat en droit français, il faut : 1° le consentement, 2° la capacité des parties, 3° un objet certain, 4° une cause licite.

Ces conditions sont les mêmes dans les deux droits.

Les contrats des mineurs sont nuls à leur égard et ne peuvent être ratifiés par eux à leur majorité (loi de 1874).

La cause licite exige quelques détails. Il y a une cause

suffisante pour les obligations contractées au moyen
d'actes sous sceau et une cause que demandent les obligations contractées au moyen d'un acte ordinaire. Si je
promets par acte ordinaire d'attendre cinq ans pour le
paiement d'une somme que X me doit, la promesse sera
nulle, si elle n'est pas accompagnée d'un équivalent considéré tel par un tribunal. Si je promets la même chose
par un acte sous sceau, il suffit qu'il existe une raison
morale d'obligation, telle qu'un sentiment de générosité.

Le tribunal ne se rendra pas juge du point de savoir
si, dans le premier cas, l'équivalent est suffisant ou non.

Une règle générale en matière de contrat est *ex nudo
pacto non oritur actio*, qu'on interprète comme voulant
dire qu'un contrat sans cause ne donne pas lieu à une
action. Si mes souvenirs de droit romain sont exacts, c'est
là une fausse signification. La véritable consisterait à dire :
si le contrat n'est pas revêtu des formes solennelles voulues par la loi, il ne saurait donner lieu à une action. Il
me semble donc que les Romains s'occupaient d'une question de forme plutôt que d'une question de fond ; la différence est importante.

Une autre règle est celle de la non-validité de la cause
de l'obligation lorsque cette cause se rapporte à un fait
passé sans qu'il y ait eu demande de la part du défendeur.
Ainsi plaider qu'en raison de ce que le demandeur avait
fait telle chose pour le défendeur, celui-ci promit telle
autre chose, ce serait plaider avec la certitude de perdre
son procès. Mais ajoutez au premier membre de phrase,
« sur sa demande », et il pourra exister une cause valable d'obligation.

Cette demande sera sous-entendue dans deux cas : lorsque la cause consiste en ce que le demandeur a été contraint de faire ce que le défendeur fut également
obligé d'accomplir ; lorsque le défendeur a tiré parti
de la chose

Je n'ai rien à dire sur les effets des obligations, sauf que l'obligation de faire ou de ne pas faire résultant d'un jugement peut, si elle n'est pas exécutée par la partie, entraîner sa condamnation à la prison pour avoir méprisé la décision du tribunal.

Quant aux diverses espèces de contrats, je regrette que le droit commun se soit placé à un point de vue presque entièrement de forme, en reconnaissant les suivantes : 1° celles résultant d'un jugement ; 2° celles résultant d'actes sous sceau ; 3° celles résultant d'un acte ordinaire qui comprend le contrat verbal.

Cette division n'empêche pas l'existence des obligations unilatérales et bilatérales ; des obligations conditionnelles ; des obligations à terme ; des obligations solidaires ; des obligations divisibles et indivisibles ; des obligations avec clauses pénales. Les règles essentielles de ces obligations sont les mêmes dans les deux droits. Je note cependant une différence. Le droit français dit : l'obligation indivisible est en général divisible entre les héritiers. La loi personnelle anglaise ne reconnaît pas d'héritier, mais seulement l'exécuteur testamentaire ou l'administrateur en l'absence d'un testament. Donc le cas prévu ne se présentera pas en droit anglais. Ce n'est pas ici la place d'étudier la situation de l'exécuteur ou de l'administrateur. Il me suffit de dire que la mission de l'un et de l'autre résulte de l'ordonnance du juge compétent.

La règle du droit français, limitant l'action basée sur les contrats verbaux à une certaine somme, n'existe pas dans le droit anglais. En dehors de certains cas particuliers, les contrats verbaux sont aussi valables en justice que les contrats écrits.

Voici les six exceptions résultant de la loi de Charles II, dont j'ai dit quelques mots plus haut :

1° Le contrat par lequel l'exécuteur testamentaire

ou l'administrateur se rend personnellement responsable ;

2° Le contrat par lequel le défendeur garantit la dette d'autrui ;

3° Les contrats de mariage ;

4° Les contrats relatifs aux immeubles ;

5° Les contrats dont l'exécution ne doit pas avoir lieu dans l'espace d'un an ;

6° Les contrats de vente de marchandises pour une valeur excédant 250 francs, à moins que le débiteur n'ait reçu et accepté partie des marchandises ou n'ait donné des arrhes.

Ces contrats doivent être écrits.

Le contrat est la loi des parties. Spécialement, les dépositions des témoins ne sont pas admissibles, lorsqu'il y a un contrat écrit, si ce dernier ne renferme aucune ambiguïté.

Avant de passer aux contrats particuliers qu'il s'agira d'étudier avec les détails nécessaires, disons un mot sur les deux principales obligations unilatérales : 1° la procuration ; 2° l'obligation appelée *bond*.

1° La procuration est révocable en principe. Mais si elle est faite pour permettre au mandataire, créancier du mandant, de recouvrer contre un tiers une somme due au mandant, la révocation ne peut avoir lieu. Les pouvoirs du mandataire cessent par la mort du mandant ;

2° Le *bond* est donné par exemple aux juges par un administrateur pour garantir la fidèle gestion.

Voici l'énumération des contrats particuliers :

I. CONTRATS CIVILS OU COMMERCIAUX

1° Le contrat de bail ;

2° La vente de biens meubles ;

3° Le dépôt ;

4° Le louage des choses ;

5° Le gage ;

6° Le louage d'ouvrage ou d'industrie ;

7° Les contrats avec les voituriers ;

8° Le contrat de services personnels ;

9° Le jeu et le pari ;

10° Le cautionnement ;

11° La promesse de mariage ;

12° Le prêt d'argent ;

13° Le contrat de rente viagère ;

14° Le contrat de change ;

15° Le contrat d'assurance sur la vie ou contre l'incendie ;

16° Le mandat civil et commercial ;

17° Le *bill of sale* ;

18° Le contrat d'apprentissage.

APPENDICE. — LES CRÉANCES

Le droit d'arrêter les marchandises *in transitu*.
Le droit de détention des effets mobiliers.

II. CONTRATS MARITIMES

1° L'assurance ;

2° La charte-partie et le connaissement.

1° Le contrat de bail s'établit par un écrit ordinaire ou même verbalement, si le terme n'excède pas trois années. Si le terme excède trois années, il faut un acte sous sceau.

Les conventions verbales ou qui sont contenues dans un acte ordinaire tel qu'une lettre n'ont pas besoin d'être revêtues d'une forme particulière, mais il faut que l'intention des parties résulte suffisamment de l'acte.

Le simple permis d'occuper les lieux constitue un droit précaire soumis à la volonté du propriétaire, mais que le propriétaire accepte son loyer par paiements annuels ou par paiements trimestriels, un bail sera le résultat. La durée dudit bail sera de deux ans au moins, c'est-à-dire un an certain et un an encore, car l'avis pour mettre fin aux conventions doit dans ce cas être un avis de six mois et doit expirer le jour où les conventions ont pris naissance.

L'avis est verbal ou écrit, sauf le cas où les parties sont convenues d'un avis écrit.

Le même état de choses existe lorsqu'il y a une convention expresse établissant la location comme étant d'année en année.

Quant au mode de mettre fin à un bail fait par acte sous sceau, il est toujours exprimé dans l'acte même. Ordinairement quand le terme dépasse sept ans, l'avis est de six mois et doit être donné six mois avant l'expiration d'un terme de sept années.

Une location d'année en année peut résulter de certains faits, tel que le paiement de loyer par un locataire dont le droit créé par un acte sous sceau a expiré.

Le propriétaire n'a en droit qu'une seule obligation : celle de faire jouir paisiblement le bailleur des lieux loués.

Un locataire ne peut pas contester le titre de son propriétaire.

Le locataire ne peut pas enlever les immeubles par destination *(fixtures)* appartenant au propriétaire. La définition est la même qu'en droit français. Quant aux « fixtures » que le locataire a ajoutés à l'immeuble, ils doivent être enlevés avant l'expiration du bail. S'il s'agit d'un immeuble rural, le locataire doit donner un avis préalable d'un mois. Pendant ce délai, le propriétaire est libre d'acheter les « fixtures ». Toutes contestations au sujet de leur valeur doivent être réglées par arbitre (loi de 1875).

Le locataire doit toujours faire insérer dans le bail une stipulation portant qu'il ne sera pas tenu de payer de loyer en cas d'incendie, car, faute de cette stipulation, le propriétaire assuré touchera le montant de l'assurance et le locataire devra continuer à payer son loyer jusqu'à la fin du bail sans pouvoir contraindre le propriétaire à rebâtir.

Le locataire n'est pas admis à plaider que la maison ne convient pas à la destination pour laquelle il l'a louée. Exception cependant pour les maisons louées meublées.

Si le terme n'excède pas trois ans, et comme cela arrive ordinairement dans ce cas, le bail est fait d'année en année, le locataire n'est tenu qu'à faire les **réparations d'entretien.**

Lorsque le terme excède trois années, les réparations sont celles ayant été stipulées formellement dans le contrat de bail.

Les réparations incombant au propriétaire pendant la durée du bail suivent la même règle. Si rien n'est stipulé, le locataire n'a pas d'action pour contraindre le propriétaire à en faire.

Quant aux impôts, ils sont tous dus par le locataire, sauf pourtant l'impôt foncier.

Tous les biens meubles situés sur les lieux loués sont la garantie du paiement du loyer et de l'accomplissement des autres stipulations du bail. Pourtant le propriétaire n'a aucun recours contre les meubles que le locataire déménage frauduleusement la veille du terme. Si le déménagement a lieu après l'échéance du terme, le propriétaire peut suivre les biens pendant trente jours et les faire vendre, pourvu qu'ils ne soient pas devenus la propriété d'un tiers. De ce qui précède, il résulte que le droit du propriétaire ne saurait être exercé que s'il lui est dû au moins un terme de loyer. Le propriétaire ne peut saisir ni les objets servant à l'usage personnel ni les biens mobiliers confiés au locataire par un tiers pour que le premier les façonne suivant les règles du métier qu'il exerce ; ni les instruments de travail du locataire, si le restant des effets suffit pour couvrir le droit du propriétaire ; ni l'argent comptant ; ni les biens du sous-locataire.

Les biens du sous-locataire sont l'objet d'une loi particulière. Le sous-locataire doit déclarer, par écrit signifié au propriétaire que les effets saisis lui appartiennent personnellement, et indiquer le montant du loyer dû par lui au locataire, loyer qu'il doit offrir de payer au propriétaire. Si après avoir reçu cette déclaration, le propriétaire poursuit la saisie, les effets peuvent être restitués sur une demande faite au juge.

La vente ne peut avoir lieu avant l'expiration de cinq jours à partir de la saisie.

Si le propriétaire n'opère la saisie qu'à la suite d'une saisie-exécution faite par un créancier en vertu d'un jugement, le droit du premier est limité à un an de loyer. Autrement la limite est de six ans, pourvu que le bail soit par acte sous sceau.

2° La vente des objets mobiliers se rapporte soit à des choses déterminées, soit à des choses indéterminées, et la situation de l'acheteur et du vendeur est la même dans les deux droits.

La règle du droit français, qu'en fait de meubles, possession vaut titre, n'est pas applicable en droit anglais, car celui qui n'est pas propriétaire d'effets mobiliers ne saurait, en les vendant, transférer la propriété à l'acheteur. Le véritable propriétaire peut, au contraire, actionner le détenteur de bonne foi et le faire condamner à restituer les effets ou à payer leur prix. Exception cependant pour les ventes effectuées dans une boutique ou au marché, mais cette exception ne s'applique pas au cas de vol, si le véritable propriétaire poursuit le voleur au criminel, et le fait condamner à la peine prévue par la loi.

La vente des effets mobiliers, dont la valeur excède 250 francs, doit être faite par acte écrit, signé des parties à moins que l'acheteur n'accepte portion des marchandises et ne les reçoive chez lui, ne donne des arrhes, ou ne verse partie du prix de vente. L'effet de l'acceptation, dont parle la loi, est de mettre le vendeur en mesure d'établir son contrat en justice, bien qu'il soit non écrit. Mais l'acheteur peut plaider qu'il n'a pas vérifié les marchandises et n'a rien fait pour exclure son droit de dire que les marchandises ne sont pas celles qui devaient lui être livrées.

Le dol du vendeur vicie ce contrat comme tous les autres.

La règle de l'article 1167 du Code civil, permettant aux créanciers d'attaquer les actes frauduleux de leurs débiteurs, existe en droit anglais, où elle résulte d'une loi promulguée sous le règne d'Élisabeth, loi qui aurait consacré un principe du droit commun.

D'après une loi promulguée sous Charles II, tout contrat de vente opéré le dimanche par un marchand, dans l'exercice de sa profession, est nul, et le vendeur est punissable d'une amende de six francs. Cette loi n'a pas été abrogée.

En règle générale, le vendeur a le droit de détenir les objets jusqu'au paiement du prix de vente. Bien entendu, la vente à crédit forme exception à cette règle. Le droit du vendeur cesse s'il accepte une lettre de change ou un billet à ordre, mais renaît du jour où la lettre ou le billet n'est pas payé.

Si l'acheteur fait faillite avant l'arrivée des marchandises, le vendeur peut les reprendre. L'effet de cette mesure est de permettre au vendeur de retenir les objets jusqu'à ce qu'ils soient payés.

La livraison des effets vendus à un voiturier décharge le vendeur, et l'acheteur n'a plus d'action que contre le voiturier.

Quant à l'acheteur, son droit ne se complète par la possession, avant le paiement du prix, que dans le cas d'une vente à crédit. L'acheteur lésé par la non-livraison a une action en dommages-intérêts contre le vendeur.

La mesure des dommages-intérêts est la différence entre le prix fixé dans le contrat de vente et celui du marché au jour où la livraison aurait dû être effectuée.

Toutes les fois que la vente est d'un objet déterminé, à un prix déterminé, le tribunal peut ordonner au vendeur de remettre à l'acheteur l'objet vendu.

Le vendeur n'est pas censé garantir la propriété de l'objet vendu, et l'acheteur n'a de recours contre le vendeur, de ce chef, qu'au cas de dol ou d'une garantie expresse. Le vendeur ne garantit jamais implicitement la qualité ou la quantité. Une vente sur échantillon implique une garantie.

La garantie donnée après la vente est nulle. La mesure des dommages-intérêts en cas de garantie est la différence entre le prix d'après le contrat et celui que le demandeur établit comme étant le véritable prix.

La vente d'un cheval par celui qui n'en était pas propriétaire, ne transfère la propriété à l'acheteur que si le cheval a été exposé pour la vente pendant une heure entre dix heures du matin et le coucher du soleil. Le prix, la couleur, les marques doivent être indiqués dans le livre du marchand, ainsi que les noms de l'acheteur et du vendeur.

Si le cheval a été volé, le véritable propriétaire peut le réclamer dans les six mois en remettant à l'acheteur le prix qu'il en a payé.

3° Le Dépôt, appelé *depositum* en droit anglais, est gratuit. Par conséquent le dépositaire n'est responsable que de ses fautes graves. Si le dépositaire reçoit un salaire, il est responsable de ses fautes légères.

5° Le créancier gagiste est responsable de sa négligence. Quant au mont-de-piété (les propriétaires sont des particuliers en Angleterre), il est tenu de rendre la chose remise en gage au véritable propriétaire, lorsque l'objet a été soustrait à ce dernier : le propriétaire n'est pas tenu d'indemniser le mont-de-piété.

6° Celui qui loue son ouvrage ou son industrie, doit user des soins ordinaires pour préserver le meuble à lui confié. Il est responsable de pertes résultant de sa négligence.

Quant à l'aubergiste, une loi de 1863 le rend responsable de toute perte ne provenant pas d'un cas de force majeure ou de la négligence du client, jusqu'à concurrence de la somme de 750 francs seulement, à moins que l'objet n'ait été volé ou déposé entre les mains de l'aubergiste pour la garde, auxquels cas la responsabilité de ce dernier est illimitée. Si le meuble perdu ou volé est un cheval, cette responsabilité s'étend à la valeur du cheval quand même il n'y aurait pas eu vol.

Le droit commun avait regardé la responsabilité de l'aubergiste comme devant être illimitée dans tous les cas.

7° A l'égard des voituriers, il faut distinguer entre les voituriers par terre et les voituriers par eau.

Les premiers sont régis soit par la loi de 1830, soit par le droit commun, soit par la convention, soit, si c'est un chemin de fer, par une loi de 1854. La responsabilité des voituriers était, d'après le droit commun, illimitée sauf le cas du fait de Dieu ou de l'ennemi. La loi de 1830 porte que le voiturier n'est pas responsable d'or, d'argent, de bijoux d'une valeur excédant 250 francs, à moins que cette valeur ne soit déclarée, et qu'un prix de transport plus élevé que le prix ordinaire, ne soit payé, mais le voiturier doit afficher un avis dans ses bureaux. Le droit commun s'applique lorsque la loi de 1830 n'est pas applicable et lorsqu'une convention spéciale n'a pas été faite. La responsabilité dans ces cas est illimitée.

La loi de 1854 règle qu'une compagnie de chemins de fer ne peut éviter sa responsabilité comme voiturier en publiant des avis à cet effet, et qu'il peut y avoir un contrat écrit contenant des stipulations raisonnables au point de vue du tribunal. Ce contrat devra être signé par l'envoyeur des effets.

Quant aux transports effectués en partie sur le chemin de fer avec lequel le contrat a été fait, et en partie sur une autre ligne, le premier chemin de fer est responsable, à moins qu'il n'ait limité sa responsabilité par une stipulation. Indépendamment de toute stipulation, la loi protège le chemin de fer qui s'engage à expédier des marchandises ou autres effets en partie par terre en partie par mer, contre tous dangers de mer, y compris le fait de Dieu, l'incendie et les accidents atteignant le navire, mais à la condition qu'un avis soit publié au bureau de la compagnie et imprimé sur la lettre de voiture. Les chemins de fer sont exempts de toute responsabilité pour les chevaux au delà d'une somme de 1,250 francs ; pour le bétail au delà de 375 francs; pour les brebis et les cochons au delà de 50 francs chacun ; le tout à moins qu'une plus haute valeur ne soit déclarée et qu'un prix de transport supplémentaire ne soit payé.

A l'égard des voituriers par eau, cette double condition dont je viens de parler, existe pour les objets de prix ; en outre ces voituriers ne sont pas responsables de vols ne provenant pas de leur faute ou ayant eu lieu sans leur connaissance. Il y a aussi un article de la loi limitant leur responsabilité en cas d'accident de personne.

8° Le contrat de services personnels.

Si une somme déterminée a été stipulée, une promesse subséquente de payer une somme supplémentaire sera nulle à moins qu'il n'y ait une cause nouvelle d'obligation.

Le fidéicommissaire ou l'exécuteur testamentaire, n'étant pas censé accepter cette fonction autrement que par des considérations d'amitié, ne peut et ne doit rien réclamer.

Un ouvrier qui a exécuté un travail a un droit de détention portant sur l'objet à lui confié. Ce droit n'existe pas, s'il a été convenu d'une date future pour le paiement de l'ouvrier.

A l'égard des médecins, le défaut par eux d'user des soins nécessaires, la négligence ou les fautes graves entraînent une condamnation à des dommages-intérêts qui sont fixés par un juré.

A l'égard des domestiques, si rien n'est stipulé, le contrat est à l'année : il peut y être mis fin par un avis préalable d'un mois ou par le paiement d'un mois de gages. Le serviteur peut être renvoyé sans avis préalable et sans autre rémunération que celle du mois échu et non payé au cas où ce serviteur s'absente de son travail, est négligent ou refuse d'obéir ou se rend coupable d'intempérance.

Par une loi de 1880, la responsabilité des patrons a reçu une extension considérable. L'ouvrier blessé au service du patron par suite du mauvais état du matériel, de la négligence d'un employé supérieur, des prescriptions de règlements mal rédigés, a une action contre son patron pour être indemnisé. Ses ayants droit ont la même action. Cette action doit être commencée dans l'année, si l'ouvrier est mort des suites de sa blessure ; autrement, dans les six mois de l'accident. Avis de ce dernier doit être donné dans six semaines.

9° Les jeux d'une utilité générale ne sont pas prohibés. Par une loi de 1845, toutes conventions, tous contrats faits à l'occasion d'un jeu ou d'un pari sont nuls. Le droit commun était plus libéral.

Le joueur qui dépose de l'argent entre les mains d'un tiers, peut réclamer cet argent tant qu'il n'a pas été versé entre les mains d'un autre joueur.

Les courses à chevaux étant considérées comme devant améliorer la race, sont permises, mais tous paris sont prohibés. Ce qui n'est pas défendu est permis.

Les loteries sont défendues.

Un cercle qui serait en réalité une maison de jeux peut et doit être poursuivi en la personne des gérants, et se voir condamner à une amende ne pouvant dépasser 12,500 francs, s'il est établi que le cercle n'est qu'une maison de jeu purement et simplement.

10° Le cautionnement.

Nous avons vu que pour posséder une action contre la caution, son obligation doit résulter d'un écrit signé d'elle, mais il n'est pas nécessaire que la cause de cette obligation soit inscrite dans l'acte : cette cause peut être établie par témoins.

L'obligation contractée pour cautionner la dette d'une société ou celle qui est contractée en faveur d'une société, demeure valable tant que la société est composée des mêmes associés. La loi exige la bonne foi la plus absolue à l'égard de la caution ; en l'absence de cette bonne foi, son obligation devient lettre morte. Le même résultat se produit lorsque le créancier accorde au débiteur principal un délai pour se libérer sans le consentement de la caution et sans qu'il soit possible d'exercer des poursuites pendant ledit délai.

11° La promesse de mariage doit être exécutée à peine de dommages-intérêts. Ces dommages-intérêts s'étendent non seulement à la perte matérielle causée au demandeur, mais aussi à la perte morale, car la jeune fille, c'est la femme ordinairement qui est demanderesse, trouvera-t-elle facilement un second mari ayant toutes les qualités requises après avoir été répudiée par le défendeur? La promesse doit être réciproque, et s'il n'y a pas un temps limité pour son exécution, le tribunal ou plutôt le juré dira quelle est la durée raisonnable dans laquelle le défendeur aurait dû tenir parole. Une jeune fille n'ayant pas trop de scrupules et ayant possédé une série de fiancés, trouve la loi très bien faite, à la seule condition toutefois que les divers défendeurs puissent payer les frais et les

dommages-intérêts accordés par le juré. L'action est strictement personnelle. La principale cause d'excuse est que le
demandeur a dégagé le défendeur de sa promesse.

12° Le prêt d'argent.

Le contrat peut renfermer telles stipulations, à l'égard
des intérêts, que les parties jugent convenables, mais il
faut une stipulation expresse sans laquelle il ne sera dû
aucun intérêt. Exception est faite pour les lettres de
change et les billets à ordre. Une autre exception se présente, lorsqu'un compte a été dûment arrêté entre les parties, ou lorsque les usages du commerce permettent
l'intérêt. Une loi de 1834 autorise les jurés à accorder
l'intérêt, lorsque le contrat est écrit ou qu'on a fait une
demande écrite de payer la somme due; mais cette demande
doit s'appliquer à une somme certaine, payable à une
époque déterminée, et les intérêts accordés doivent être
les intérêts légaux, à savoir 4 0/0.

13° Le contrat de rente viagère doit résulter d'un acte
écrit.

14° Le contrat de change.

Le contrat de change était autrefois réglé entièrement
par la coutume commerciale. Cette coutume est aujour-
d'hui remplacée par une loi expresse.

La loi de 1882 sur les lettres de change, les chèques
et les billets à ordre est un bon exemple de la législation
contemporaine, supérieure, il me semble, à l'ancienne
sous tous les rapports. Cette loi étant d'une réelle utilité
pratique il convient de l'étudier avec soin.

La lettre de change doit être revêtue de toutes les conditions indiquées au Code de commerce, mais, d'après la
loi anglaise, elle n'est pas nulle pour défaut de date, de
mention de la valeur fournie ou du lieu où elle a été
tirée, ou de celui où elle est payable.

La lettre de change est *inland* c'est-à-dire tirée et
payable en Angleterre, ou tirée en Angleterre sur un

accepteur résidant en Angleterre, ou bien elle est *foreign.*
La première n'est pas protestée pour non-paiement.

Lorsque le montant est indiqué en chiffres et en toutes lettres, la somme mentionnée en toutes lettres est celle due et payable.

Un effet payable, si telle éventualité arrive, n'est pas une lettre de change quand même cette éventualité arriverait.

La date de la lettre de change ou de son acceptation peut être suppléée par le porteur.

La lettre de change antidatée ou postdatée n'est pas nulle pour ce fait.

La lettre de change qui n'est pas payable sur demande, est due le troisième jour après la date fixée pour son paiement. Ce sont les « trois jours de grâce ».

La date du paiement est la veille du jour de l'échéance, quand ce jour est un dimanche, le jour de Noël ou Vendredi Saint, et le lendemain lorsque le jour de l'échéance est le lundi de Pâques, le lundi de la Pentecôte, le premier lundi du mois d'août ou le 26 décembre (Loi de 1871).

L'acceptation résultant de la seule signature écrite à travers l'effet, suffit. L'acceptation peut être conditionnelle. Exemple : on ne paiera que dans tel lieu.

La lettre de change tirée ou endossée par un mineur, est valable à l'égard des autres parties.

Le porteur d'une lettre de change en vertu d'un endos contrefait ou non autorisé, n'a aucun droit.

L'endos est constitué par la seule signature, mais il peut indiquer le nom de celui auquel ou à l'ordre duquel l'effet est payable.

L'endos peut être « restrictif », exemple : payez D. seulement, alors la lettre de change ne peut plus être négociée.

La lettre de change endossée après sa maturité confère au porteur les droits qu'avait son endosseur immédiat.

Le porteur doit présenter l'effet à l'acceptation, si l'effet est payable ailleurs qu'au lieu de résidence, ou au lieu où l'accepteur exerce son métier ou sa profession.

Le porteur qui a présenté l'effet au paiement et n'a pas été payé, doit, à peine de déchéance de ses droits, donner avis dans un délai raisonnable du défaut de non-paiement au tireur et aux endosseurs.

Le porteur n'est pas dans la nécessité de présenter l'effet à l'acceptation lorsque cet effet a été accepté sans condition.

Le lieu où le contrat a été fait en règle la forme. Exemple : si l'acceptation a eu lieu en France, elle doit être faite dans les termes de la loi française.

Si la lettre de change est perdue, l'action est encore possible et le tribunal peut donner gain de cause au demandeur à la condition qu'il fournisse une indemnité suffisante pour satisfaire aux réclamations de tiers intéressés.

Les chèques doivent être présentés sans retard au paiement. Si, faute de présentation, dans un délai raisonnable, le tireur est devenu créancier de la banque déclarée depuis en faillite pour une somme plus forte que celle pour laquelle il aurait pris rang si le chèque avait été payé, le tireur est déchargé jusqu'à concurrence de la différence vis-à-vis le porteur négligent.

Les chèques peuvent être crossés *généralement* ou spécialement lorsque le nom d'un banquier est indiqué. Si aucun nom n'est indiqué, c'est le premier cas, le porteur peut insérer tel nom qu'il jugera convenable ; une fois le nom inséré, le chèque ne pourra être présenté au paiement que par le banquier dont il s'agit.

Un billet à ordre provenant du Royaume-Uni ou payable dans ce royaume est *inland*. Tout autre est *foreign* et n'a pas besoin d'être protesté faute de paiement.

Si le billet est payable dans un lieu déterminé, la présentation au paiement est indispensable.

15° Le contrat d'assurance sur la vie ou contre l'incendie.

Le premier est cessible, mais le second ne l'est pas. Le premier n'est pas un contrat par lequel l'assureur peut seulement réclamer le montant de la perte par lui subie, car un créancier assureur peut ne subir aucune perte par la mort de son débiteur assuré : il pourra toutefois réclamer la somme totale.

Le second contrat permet à l'assuré de réclamer seulement le montant de ce qu'il a perdu.

Celui qui fait une assurance sur la vie d'autrui, doit y avoir un intérêt, et le montant de ce qu'il pourra réclamer correspond à cet intérêt.

Le dol, ou l'omission, sans qu'il y ait dol, de déclarer un fait pouvant changer les dispositions de l'autre partie, annule le contrat que nous examinons.

16° Le mandat civil et commercial.

Un mandataire peut être constitué verbalement, par écrit ou par acte sous sceau. Un mandataire, pour vendre des marchandises, est souvent mis en possession de ces marchandises. Alors son pouvoir résulte de l'acte et de la remise des marchandises.

L'écrit est nécessaire lorsque le mandataire doit signer un bail. L'acte sous sceau est requis si le mandataire doit signer, de la part du mandant, un acte de cette nature.

Le mandat est spécial, général (pour une série d'affaires déterminées ou un emploi) ou universel.

A l'égard des tiers, si un mandataire spécial excède ses pouvoirs, le mandant n'est pas responsable ; mais un mandataire général lie le mandant pour toutes les affaires tombant sous la dénomination spécifiée au contrat.

Le droit de poursuivre l'exécution des contrats appartient d'abord au mandant et accessoirement au mandataire.

Celui qui ne dévoile pas son mandat est personnellement responsable envers les tiers ; ces derniers ont le
choix de poursuivre le mandant lorsqu'ils le découvrent
ou le mandataire. Dans le même cas, le mandataire ou le
mandant, chacun en son propre nom, peut poursuivre le
tiers avec lequel le premier a traité. Cependant si l'acte
d'où résulte le litige est un acte sous sceau, le mandataire seul peut poursuivre le tiers.

La ratification par le mandant rend l'acte du mandataire
l'acte du mandant aussi.

Le mandataire qui fait confusion entre le bien du mandant et le sien, en sorte que la séparation ne soit pas
praticable, fait du tout un actif pour satisfaire les droits
et réclamations du mandant.

La commission ou rémunération du mandataire est
fixée par le contrat, par l'usage, par le juré, quelquefois
par la loi. La règle : nul ne peut s'enrichir aux dépens
d'autrui, est applicable. Toutefois si un mandataire dont
le mandat doit durer au delà d'un an à partir de la convention, n'est pas constitué par un écrit signé du mandant, il ne peut réclamer ni la somme réclamée dans les
conventions verbales, ni une somme en vertu du principe
susénoncé, ou comme on dit en Angleterre en vertu d'un
quantum meruit.

Il est aussi de règle que les mandataires non rémunérés
sont responsables seulement de leurs fautes lourdes, et
que le mandant doit indemniser le mandataire de toutes
pertes ou dommages dûment encourus par lui.

Le pouvoir du mandataire cesse : 1° par la révocation ;
2° par la renonciation avec le consentement du mandant ;
3° par la mort du mandant ; 4° par sa faillite ; 5° par l'a-
chèvement de l'objet du mandat ; 6° par l'expiration du
temps.

Je n'essaierai même pas d'énumérer les objets du
mandat.

Je traiterai : 1° des banquiers ; 2° des mandataires commerciaux pour la vente des marchandises ou leur achat.

Le banquier est débiteur ou mandataire : 1° débiteur du montant en espèces de l'argent et des valeurs déposés chez lui en compte courant, argent et valeur lui appartenant dès le moment du dépôt ; 2° mandataire, lorsqu'il entreprend de garder des valeurs purement et simplement ou de les garder avec mission de toucher, aux époques voulues, les intérêts ou revenus ; ou bien lorsqu'il entreprend des affaires d'escompte ; mais son mandat cesse lorsque l'opération de l'escompte est faite, car il devient alors propriétaire du billet et débiteur de la somme moins l'escompte.

1° Qu'est-ce qui remplace le droit de propriété perdu ? C'est le droit de poursuivre le banquier en paiement d'autres espèces représentant la valeur de celles déposées par le client. Il a été plus d'une fois jugé que l'argent représentant les valeurs déposées et encaissées peut être réclamé dans le délai de six ans seulement, délai ordinaire de la prescription en matière mobilière.

Le banquier est, soit comme débiteur, soit comme mandataire, régi par la *law merchant,* ensemble d'usages en matière commerciale formant loi par suite du laps de temps écoulé depuis leur naissance et par suite du consentement unanime, usages que le tribunal reconnaît et doit reconnaître.

Le banquier ne peut pas divulguer l'état du compte d'un client.

Le banquier est contraint de se conformer aux ordres de ses clients, lorsque ces ordres sont conformes aux usages des banques.

Le banquier ne doit pas verser l'argent de chèques tirés par un seul de plusieurs fidéicommissaires. Il en est autrement si le chèque est tiré par l'un de plusieurs exécuteurs testamentaires.

Le banquier n'est pas tenu en versant l'argent de chèques tirés par les administrateurs d'une société anonyme de s'enquérir si ces administrateurs ont été dûment nommés.

Le banquier ne peut réclamer l'argent d'un chèque qu'il vient de payer, quand même il découvrirait de suite que le client avait retiré ses fonds.

Il paraît que la question de savoir si le banquier peut payer en partie une lettre de change acceptée par un client n'a pas été décidée par les tribunaux. Il existe ici, d'après moi, une sorte de mandat : si le banquier ne peut pas l'exécuter, il doit s'abstenir.

Le banquier qui paie un chèque revêtu d'une signature fausse n'est pas déchargé, si cette signature est censée être celle de son client, le tireur.

Le banquier qui ne paie pas un chèque lorsqu'il a des fonds chez lui suffisants, doit des dommages-intérêts au client, évaluables par un juré. Le banquier de Londres qui présente un chèque au paiement, ne fait pas ordinairement la présentation chez son confrère, mais à un comptoir *ad hoc* appelé *clearing house* se trouvant dans la cité de Londres, pourvu, bien entendu, que ce chèque soit tiré sur un banquier établi à Londres, ayant son tiroir au *clearing house*. Un peuple pratique ne doit-il pas éviter le déplacement du numéraire ? Le commis classe les chèques, les dépose dans les divers tiroirs et donne crédit aux autres banques pour les chèques qu'elles ont déposés. Tous les comptes étant faits, il suffit que chaque banque liquide en espèces ses comptes avec quelques confrères seulement.

Les trois jours de grâce n'existent pas pour les chèques. Les chèques payés sont restitués par le banquier au client après que la signature a été biffée.

Celui qui, n'ayant pas de compte chez un banquier, donne un chèque sur lui, est punissable correctionnellement.

Des lettres de crédit sont données par les banquiers,

Elles ne sont pas négociables. Elles consistent en un mandat donné à un confrère portant qu'il peut, en recevant un avis à cet effet, payer les effets d'un tiers nommé dans la lettre, et qui la produit.

Les lettres circulaires sont des effets tirés par les banquiers anglais sur leur correspondant à l'étranger.

Ordinairement, le banquier crédite les valeurs reçues de ses clients en compte courant, mais si le banquier a l'ordre d'attribuer de l'argent au paiement, par exemple, de certaines lettres de change, le crédit en compte courant n'est plus possible.

2° Quel est le droit du client? C'est un droit sur la chose elle-même.

Si le banquier doit payer des intérêts sur des sommes déposées pour les retirer ensuite, une stipulation spéciale est nécessaire.

Puisque le droit du client est sur la chose, si le banquier fait faillite, ayant entre ses mains des valeurs à encaisser, ces valeurs n'appartiennent pas à la faillite, mais au client, la relation existant entre le banquier et le client étant celle de mandant et de mandataire.

Il a été jugé que, moyennant une indemnité, les valeurs non échues détenues par le banquier comme gage du paiement de ses acceptations données pour un client, doivent être remises à ce dernier, en cas de faillite du banquier.

Si le banquier est dépositaire de titres de propriété, il doit les soins ordinaires, et n'est pas responsable si un commis infidèle soustrait les titres, à moins que le patron ne sache que son commis est infidèle, ce genre de dépôt étant toujours gratuit.

Le banquier a un droit de gage « lien » portant sur toutes les valeurs déposées chez lui à ce titre. Mais son gage n'existe pas sur les valeurs déposées dans un but déterminé.

Un fidéicommis, dont le banquier ignore l'existence, met obstacle à l'existence du droit de gage.

A l'égard de la banque d'Angleterre, elle fut créée par une loi de 1694. Par une autre loi de 1870, la banque doit continuer d'être une société jusqu'à ce que les valeurs publiques aient été entièrement rachetées par le Parlement.

La banque du gouvernement est en même temps une banque de dépôt et d'escompte.

Elle a seule le droit d'émettre des billets payables sur demande dans Londres et trois milles autour (4 kilomètres). Une loi de 1844 a autorisé la banque à émettre 14 millions de livres sterling de papier, en déposant dans la partie de la banque destinée à cet effet des valeurs jusqu'à due concurrence.

La même loi autorisa les banques possédant, en 1844, le droit d'émission de billets payables sur demande, à continuer de concourir avec la banque.

La banque reconnaît seulement les propriétaires aux yeux de la loi : les usufruitiers en vertu d'actes de fidéicommis ou de testaments ne sont pas reconnus.

L'acte de société entre banquiers est :

1° Un acte d'association ordinaire d'après une loi de 1827, ou

2° Un acte émanant du Souverain et autorisé par la loi de 1837 appelée *Charter ;*

3° Un acte émanant aussi du Souverain et autorisé par la loi de 1841, appelé *letters patent ;*

4° Un acte dans les termes de la loi de 1837, ou

5° De la loi de 1862.

La loi de 1827, les *Charters* et les *letters patent* existent toujours, mais ces derniers ne sont plus demandés dans la pratique.

La loi de 1857 a remplacé celle de 1844. La loi de 1862 a aboli la loi précédente.

Ceux étant au nombre de sept ou au delà, qui veulent

se constituer en société anonyme, doivent se conformer à
la loi de 1862.

Les seules banques aujourd'hui sont des sociétés anonymes ou de simples associations ; ou, dans quelques cas,
des banques constituées en vertu d'un *Charter* ou de
letters patent. Ces dernières sont représentées en justice
par le fonctionnaire nommé dans l'acte.

La responsabilité des propriétaires de banques, n'étant
pas établie aux termes de la la loi de 1862, est fréquemment illimitée. Ces banques peuvent se transformer en
sociétés anonymes au moyen du dépôt des pièces nécessaires au bureau public dont il sera parlé plus loin.

Le mot *limited* est ajouté au nom de la société.

Les banques à responsabilité illimitée sont liquidées par
le tribunal conformément aux articles insérés *ad hoc* dans
la loi de 1862.

2° Le mandataire pour la vente des marchandises a ou
n'a pas la possession de ces marchandises. Il s'appelle *factor* dans le premier cas, *broker* dans le second. Enfin il
est appelé mandataire *del credere*, lorsqu'il garantit le
paiement au mandant en raison d'une commission plus
élevée que la commission ordinaire.

Les *factors* et les *brokers* sont des mandataires généraux.

Il s'élève une question très importante relativement au
factor. Étant autorisé à vendre, le *factor* peut-il valablement effectuer un emprunt sur les marchandises en les
déposant chez le prêteur ? Le droit commun disait : non.
La loi expresse dit : oui, pourvu, bien entendu, que le tiers
agisse de bonne foi ; oui encore, quand même le tiers aurait connaissance du fait du mandat, car le tiers peut ne
rien savoir à l'égard du pouvoir du *factor* d'emprunter.

Si, malgré la vente de marchandises, le vendeur reste
néanmoins en possession du titre et revend ou emprunte
à un second acheteur ou prêteur, en lui remettant le titre,

le second acheteur a-t-il un droit? Oui, dit la loi, si cet acheteur a été de bonne foi.

Les ventes opérées par les cessionnaires du premier vendeur qui ont les titres de propriété entre leurs mains, sont valables, pourvu que les acheteurs soient de bonne foi. Entre deux acheteurs de bonne foi d'un vendeur de mauvaise foi, et dont l'un aurait le titre, et l'autre les marchandises, d'après moi, c'est ce dernier qu'il faut préférer.

Si le mandataire devait de l'argent à l'acheteur avec lequel il a traité mais qui ignorait le mandat, l'acheteur peut répéter contre le mandant le montant de cet argent.

Quand même le mandat serait connu de l'acheteur, si celui-ci, de bonne foi, supposait que le mandataire avait le droit de vendre, et opérait la vente pour se rembourser de ses avances faites au mandant, l'acheteur pourrait répéter l'argent dont il s'agit.

Le mandataire commercial intéressé à ce que le contrat soit terminé et le prix payé, peut en son propre nom actionner le débiteur, à moins que le mandant ne se décide à le faire. Le même résultat se produit lorsque le mandataire a traité en son propre nom.

17° Le contrat *sui generis* relatif aux meubles, appelé *bill of sale,* dont il y a deux espèces :

1° Ce contrat est *sui generis* puisqu'il est constitutif soit d'hypothèque, soit de transport de la propriété selon que le débiteur ne contrevient pas ou contrevient à la oi concernant cette nature de contrat. Le débiteur est un simple emprunteur d'une somme d'argent, remboursable d'une manière et à une époque déterminées par l'acte, remboursement garanti par certains meubles, ordinairement meubles meublants qui restent entre les mains du débiteur privé de la faculté d'en disposer. La translation de la propriété au profit du créancier pouvant résulter de l'acte du débiteur, est conditionnelle.

Le débiteur reste propriétaire sans avoir la faculté de

disposer jusqu'au jour stipulé pour le remboursement de la somme avancée. Si le remboursement a lieu à cette date, le débiteur reprend la libre disposition des effets compris dans l'acte. Si le remboursement n'a pas lieu, ou si le débiteur contrevient à la loi, le créancier peut s'emparer des effets, les garder ou les vendre. Mais je prétends que s'il vend et s'il existe un surplus (il y en a rarement), ce surplus appartient au débiteur. Voilà l'espèce la plus ordinaire.

2° Il y a une autre espèce équivalant à un transfert pur et simple de la propriété. L'exemple le plus commun est celui de l'acte intervenant entre l'huissier mis en possession des meubles du débiteur par suite d'un permis de saisie et un tiers acheteur.

Les lois de 1878 et 1883 ont été faites pour réglementer les contrats en question, particulièrement ceux dont j'ai parlé en premier lieu. Un bureau public existe en vertu de ces lois, bureau où les actes sont déposés et peuvent être lus moyennant le paiement de 1 franc 25. Le dépôt doit avoir lieu dans la huitaine à peine de nullité des conventions, notamment à l'égard d'un créancier saisissant.

Le défaut de paiement, la faillite, le déménagement frauduleux des meubles, le défaut de produire le dernier reçu de loyer, la saisie en vertu d'un jugement, voilà les seuls cas où la prise de possession ou la vente par le prêteur soit légale. Cinq jours sont accordés au débiteur pour faire tomber la saisie au moyen d'une demande au juge du Banc de la Reine, mais le débiteur doit prouver soit que la cause de la saisie ou de la prise de possession n'existe plus, soit qu'elle n'a jamais existé. Pendant le même délai, les effets ne peuvent être ni emportés ni vendus.

Le montant du prêt doit être de 750 francs au moins ; autrement l'acte est nul.

L'acte est nul à l'égard du syndic d'un commerçant ayant fait faillite dûment déclarée.

L'acte est absolument nul s'il **ne mentionne pas sa** cause, ou si la signature n'est pas vérifiée par celle d'un témoin majeur. L'emploi de l'acte sous sceau est nécessaire.

18° Contrat d'apprentissage. Par ce contrat, le patron de l'apprenti s'engage à lui enseigner son art ou métier, et l'apprenti prend l'obligation de travailler. L'acte sous sceau est toujours employé. Il intervient trois personnes à l'acte : 1° le père de l'apprenti, 2° l'apprenti, 3° le patron. L'apprenti ne peut être contraint de changer de patron.

APPENDICE

1° Des créances. Le devoir du débiteur est d'offrir à son créancier le prix de sa décharge avant tout procès ; le devoir du créancier , de recevoir ce prix et en donner décharge.

Lorsque le créancier a indiqué le mode de paiement, le débiteur, se conformant à cette indication, est déchargé. A défaut de cette indication, le débiteur doit produire la somme due et offrir de la remettre au créancier. Les offres réelles se font en argent jusqu'à 50 francs, en or au delà de ce chiffre ; en billets de banque d'Angleterre au delà de cinq livres sterling. Les offres doivent être faites sans condition. Si le créancier n'accepte pas les offres réelles, ces offres, suivies de consignation sur procès et jugées suffisantes, feront tomber la demande. Les intérêts cessent contre le débiteur à partir du jour où il a fait les offres réelles.

Si le créancier accepte de prendre une lettre de change ou un billet à ordre, il suspend son droit d'action primitif en attendant l'échéance. Si l'effet n'est pas payé à l'échéance, ce droit renaît.

Les intérêts judiciaires sont de 4 pour 0/0.

A l'égard de l'affectation des paiements, le débiteur a le droit de la faire en opérant sa libération ; si le débiteur ne la fait pas, le créancier a le droit de la faire. Si le principal et l'intérêt sont dus, l'affectation sera portée d'abord sur les intérêts ; ensuite sur le principal. Si ni le débiteur, ni le créancier, ne font l'affectation, le paiement est affecté à la créance la plus ancienne, laquelle peut se trouver prescrite.

Si l'on est créancier à la fois d'une société et d'un membre de cette société, il est défendu au créancier d'affecter le paiement fait par l'association à la créance contre le membre, et, *vice versa*, car ce serait payer la dette personnelle du membre avec l'argent de l'association.

2° Le droit de faire saisir les marchandises *in transitu*, s'entend de la faculté qu'a le vendeur d'effets mobiliers, en apprenant la faillite ou la suspension de paiements de son acheteur, de faire saisir et reprendre ses effets. Ce droit cesse dès que les marchandises sont arrivées entre les mains de l'acheteur ou de son mandataire, qu'il ait abrégé le voyage ou non. Pour conserver ce droit, il suffit au vendeur de donner avis au voiturier. Le privilège du vendeur est perdu si l'acheteur endosse le connaissement ou autre titre à un tiers de bonne foi fournissant un juste équivalent.

3° Droit de détention des effets mobiliers.

Le vendeur a ce droit jusqu'à ce qu'il soit payé de son prix. Le droit de détention est général ou particulier. Au premier cas, il porte sur tous les biens dans les mains du créancier ; au second, sur un objet déterminé. Ce droit résulte de la convention ou de l'usage.

Le banquier ayant avancé de l'argent à un client, possède d'après l'usage un droit général.

Le seul cas du droit de vendre est, je pense, celui appartenant à l'aubergiste. Ce dernier, créancier du client, doit insérer des annonces dans deux journaux. Ayant gardé les effets pendant six semaines et attendu un mois depuis la date des annonces, l'aubergiste peut faire procéder à la vente aux enchères. Tout surplus appartient au client.

II. CONTRATS MARITIMES

1° Le sujet de l'assurance maritime occupe une grande place dans la législation et dans la jurisprudence. Il convient dès lors de l'étudier avec un certain soin.

Un contrat d'assurance maritime est ordinairement effectué par un mandataire agissant en son propre nom de la part de l'assuré. L'assureur considère le mandataire responsable des primes ; le mandataire les obtient de son mandant. Au cas de perte du navire, l'assureur paie au mandataire l'indemnité convenue, ou, s'il y a plusieurs assureurs, chacun d'eux paie la somme pour laquelle il s'est rendu responsable. Par ce paiement, l'assureur est déchargé vis-à-vis l'assuré. Il ne le serait pas, si le paiement était fait en compte avec le mandataire.

Le droit commun portait que si le contrat renfermait ces mots : « intérêt ou pas d'intérêt », l'assuré avait beau ne posséder aucun intérêt dans les choses assurées, le contrat était valable. Une loi formelle porte que nulle assurance, *intérêt ou pas d'intérêt*, ne sera faite sur un navire appartenant au roi ou à l'un de ses sujets. Le navire, les marchandises, les profits espérés, le fret peuvent former l'objet de l'assurance. Mais le salaire de l'équipage ne le peut pas. Quels efforts feraient les matelots si leur salaire leur était assuré dans tous les cas ? La maxime *le fret est la mère des gages* serait aussi enfreinte.

L'assureur ou ses ayants droit ne peuvent légalement réassurer que dans le cas où le premier suspendrait ses paiements, tomberait en faillite ou viendrait à mourir. L'assuré peut effectuer une *double assurance*, mais ne pourra réclamer que le montant de sa perte. Les premiers assureurs ont un recours contre les assureurs nouveaux.

Quant à la police, la valeur de l'objet assuré peut être insérée ou omise ; au dernier cas, il faut établir la valeur.

L'insertion du nom de l'un des assurés suffit.

Le nom du navire, le voyage doivent être constatés avec précision. L'insertion du montant de la prime est requise par la loi sur le timbre. Le timbre d'ailleurs doit être mis sur la police lors de la signature.

L'assureur est ordinairement déchargé vingt heures après l'arrivée du navire à bon port. Voilà pour le navire. Sa responsabilité pour les marchandises, continue jusqu'à ce qu'elles soient déchargées et déposées à terre saines et sauves. Le débarquement doit avoir lieu dans un laps de temps raisonnable, à défaut de quoi l'assureur pourra être déchargé.

Les périls assurés sont les dangers de mer de toutes sortes, y compris les actes de l'ennemi ou de pirates, et la baraterie. L'assureur n'est pas responsable d'une perte, conséquence inévitable de la nature des marchandises ; exemple : une perte causée par des rats.

Ordinairement, l'assureur insère une clause dans la police, limitant sa responsabilité en cas de perte partielle de marchandises périssables. Mais la jurisprudence a établi que toute perte partielle ou non doit être remboursée par l'assureur si elle arrive par suite d'échouement.

Certains engagements de l'assuré sont sous-entendus. Ils ont trait : 1° à la route ; 2° à l'état du navire comme étant capable de supporter la mer ; 3° aux diligences dont l'assuré doit user pour se garantir contre les risques spécifiés dans la police.

1° L'assureur n'est pas déchargé *ab initio* en cas de changement de route, mais sa responsabilité cesse à partir de ce changement ;

2° L'état s'entend de la condition du navire au moment où le voyage commence ;

3° Les auteurs parlent de diligences, mais je ne vois pas que cet engagement ait un côté pratique.

La perte du navire peut être totale en fait, ou par suite de l'abandon. Le droit d'abandonner dépendant des circonstances, est une question de fait dont le juré est juge. L'assuré n'est jamais forcé de faire abandon. L'abandon doit être notifié dans un délai raisonnable ; il doit s'étendre à la totalité de l'objet assuré ; enfin, l'abandon opère comme une cession.

L'indemnité due par l'assureur en cas de dommage causé au navire est des deux tiers du prix des réparations, le restant étant déduit parce que les matériaux anciens se trouvent remplacés par des matériaux neufs.

La plus absolue bonne foi est nécessaire de la part de l'assuré en effectuant la police ; mais, pour que celle-ci soit nulle et non avenue, il faut que la mauvaise foi porte sur un point essentiel.

Une fois que le risque a commencé d'exister, la prime est due ; mais si le risque, qui devait exister, ne s'est jamais produit, la prime doit être restituée à l'assuré.

Les assureurs sont une compagnie ou des particuliers. Depuis de longues années, il a existé et il existe toujours, dans la cité de Londres, une sorte de confrérie de particuliers assureurs appelée *Lloyd's*, probablement la corporation la plus ancienne et la plus puissante pour effectuer les assurances maritimes. Ordinairement, plusieurs membres assurent un même navire, chaque membre s'inscrivant pour une somme déterminée au bas de la police. C'est ainsi que les assureurs sont appelés *Underwriters*.

2° Chartes-parties et connaissements.

Le contrat de Charte-partie ne diffère pas essentiellement dans les deux droits.

Le connaissement peut nommer le consignataire ou dire

que les marchandises seront livrées au consignataire sans le nommer. Mais ordinairement le nom est inséré et l'on ajoute ou à ses ayants droit. Le consignataire n'a, dans ce cas, qu'à endosser le connaissement et à le remettre au cessionnaire. Les marchandises auront ainsi changé de propriétaire. L'insolvabilité du consignataire n'invalidera pas l'endos, si le dol ne peut pas être imputé au cessionnaire, car le dol vicie tous les contrats.

Quant à l'action du consignataire ou de l'expéditeur, elle est contre le capitaine et le propriétaire solidairement pour toute inexécution du contrat n'arrivant pas par le fait de Dieu ou de l'ennemi. Voilà le droit commun. Mais cette responsabilité peut être limitée par l'acte.

Le propriétaire du navire a le droit de retenir les marchandises jusqu'à ce qu'il ait été payé de son prêt. Le consignataire ou son cessionnaire en vertu d'un connaissement lui imposant l'obligation de payer le prêt, peut être poursuivi à cet effet. L'expéditeur est dans le même cas, si les marchandises sont expédiées pour son compte et à ses risques.

La répartition de la perte de marchandises, jetées à la mer dans l'intérêt commun, est faite proportionnellement entre le propriétaire du navire, celui du fret et celui des marchandises. La valeur du fret est la valeur, après déduction des gages des marins, des frais de pilotage, etc. La valeur des marchandises est celle qu'elles auraient eu au port de leur destination.

La responsabilité des propriétaires de navire pour la perte des effets a été réduite par une loi de 1854 et une autre loi de 1863. Par la première, l'incendie ne rend pas le propriétaire responsable ; les objets de prix doivent être déclarés tels et leur valeur doit être constatée par écrit ; autrement, aucune responsabilité n'existe à l'égard du propriétaire ; il en est de même lorsque la perte ou le dommage arrive par la faute ou l'incapacité d'un pilote dont l'emploi est obligatoire aux termes de la loi, et lorsque la perte de certains objets de prix, or, bijoux, a lieu sans qu'il y ait de faute imputable au propriétaire.

Par la deuxième loi, le propriétaire n'est pas responsable au delà d'un chiffre limité, des accidents de personne, de la perte du navire ou des marchandises, pourvu que l'accident ou la perte soit arrivée sans la faute du propriétaire [1].

III. CONTRATS ILLÉGAUX

Nous avons vu que la preuve testimoniale n'est pas admise pour varier un contrat écrit. Cette règle générale souffre exception dans le cas de contrats illégaux. Quelle que soit la régularité dans la forme de l'acte illégal, s'il est illégal dans le fond, ce fait peut être établi par témoins. De même pour le dol.

La présomption de la loi est que le contrat est légal.

L'illégalité résulte du droit commun ou de la loi expresse. La première a trait aux obligations contraires à l'ordre public ou aux bonnes mœurs, et aux contrats frauduleux.

Un contrat par lequel l'exercice d'un métier ou d'une profession est absolument interdit à l'une des parties, est nul comme étant contraire à l'ordre public. Le temps peut être illimité, mais une limite quant à la distance doit toujours être précisée. Il est également de principe que l'empêchement est valable s'il sert seulement à protéger les intérêts de la partie au profit de laquelle il est établi : si l'empêchement dépasse cette limite, il est nul comme étant contraire à l'ordre public.

Les contrats faits sur transaction intervenue après le

---

1. Je n'ai traité à cette place qu'une faible partie de la loi maritime ; parce que le Banc de la Reine ne s'occupe pas d'affaires portant sur les autres sujets.

commencement de poursuites criminelles sont nuls par le même motif.

Les contrats par lesquels on s'engage à n'épouser que telle ou telle personne sont nuls.

Le contrat par lequel on s'engage à rémunérer quelqu'un de ses services en raison d'un mariage qu'il fait faire, est nul.

L'illégalité résultant de la loi expresse. Exemple : les contrats de jeux et de paris, y compris les billets à ordre ou lettres de change ; exception pourtant est faite à l'égard du tiers porteur..... L'assurance sur la vie d'autrui alors que celui qui effectue cette assurance n'y a aucun intérêt est nulle.

Les courses de chevaux sont permises par la loi.

La vente des fonctions publiques est absolument défendue.

Celui qui travaille à son métier habituel, le dimanche, est soumis à une amende de six francs (loi de Charles II).

Un contrat de vente suivi d'un commencement d'exécution jugé suffisant, contrat effectué un jour de dimanche dans l'exercice du métier ou de la profession de la partie, est nul.

IV. Modes de preuve et d'extinction des obligations

Il y a la preuve testimoniale, la preuve par écrit et l'aveu.

L'aveu contenu dans les conclusions de la partie ou autre pièce de la procédure est le seul cas que je connaisse.

La preuve par écrit est toujours admissible. Il en est de même de la preuve testimoniale. Ainsi, quelle que soit la somme, les témoins peuvent suffire. Parmi les témoins sont comprises les parties à l'instance. Le juré rend souvent sont verdict en se basant sur la seule déposition de la partie. Celle-ci a-t-elle déposé consciencieusement ou non? Telle est la question que le juré se pose. Cette justice primitive n'est pas toujours la moins bonne.

Les actes étant de deux natures : les actes sous sceau et les actes ordinaires, on peut dire qu'il y a deux ordres de preuves par écrit. Les actes sous sceau priment les actes ordinaires sur une même matière.

Onze cas d'extinction des obligations sont admis : 1° le paiement, 2° la novation, 3° la remise, 4° la sentence arbitrale ou le jugement d'un tribunal, 5° les offres réelles, 6° la prescription, 7° la compensation, 8° la rescision, 9° la faillite ou le concordat, 10° la perte de la chose, 11° l'effet de la condition résolutoire.

1° Le paiement, si je ne me trompe, signifie, en droit français, l'accomplissement de l'obligation suivant sa forme et teneur. C'est dans ce sens que j'emploie ce mot. Celui qui doit se décharger d'une obligation, doit faire le nécessaire pour opérer cette décharge. Ainsi, légalement, l'accepteur d'une lettre de change doit en général la payer sans qu'elle lui soit présentée à cet effet.

Lorsque l'obligation est alternative, le choix est au débiteur ou plutôt à celui qui doit faire le premier acte : On ne peut plus revenir sur le choix une fois qu'on l'a fait.

La convention qui ne renferme pas un temps pour son exécution doit être exécutée dans un délai raisonnable.

Les offres réelles faites trop tard ne constituent pas un moyen de défense à l'action du créancier.

La mise en demeure est nécessaire lorsqu'elle est requise par le contrat ou par la nature du contrat.

Les choses en elles-mêmes impossibles ne peuvent constituer un objet valable d'obligation, mais l'impossibilité, résultant du fait de celui qui s'oblige, n'est pas un moyen de défense.

Il est aussi de règle qu'un contrat ne peut être divisé;

mais, comme nul ne peut s'enrichir aux dépens d'autrui, il est dû un *quantum meruit*, lorsque le bénéfice de l'exécution partielle est retenu par le défendeur jusqu'après l'époque fixée pour l'accomplissement de l'obligation.

La promesse dont l'exécution est soumise à l'accomplissement préalable d'une condition par l'autre partie doit être tenue du moment que cette partie offre d'accomplir la condition.

Le non-accomplissement d'une telle condition, quand même il arriverait par le fait de Dieu, constitue un bon moyen de défense à une action pour contraindre le débiteur de l'obligation principale à son exécution.

Le paiement effectué par un tiers, étranger au contrat, dans le but d'opérer la libération du débiteur, est valable, pourvu que le tiers agisse comme le mandataire du débiteur, ou que ce dernier ratifie le paiement.

Le paiement fait à un mandataire ne sera pas admissible à l'égard du mandant, s'il n'est fait dans le cours ordinaire des affaires, pour le compte du mandant.

Est valable le paiement fait à l'un de plusieurs exécuteurs ou fidéicommissaires.

Le laps de temps fera présumer le paiement ; mais cette présomption est détruite par la preuve contraire. Ainsi la quittance d'un loyer jusqu'au 25 décembre 1884 fera présumer le paiement de la totalité du loyer antérieur.

Une quittance ou autre acte qui n'est pas fait sous sceau présume le paiement, mais ne le prouve pas. Le dol, l'erreur sur un point de fait, la preuve qu'aucune somme n'a été remise, feront tomber la présomption.

2° La novation, par l'échange d'une nouvelle obligation contre une ancienne, est évidemment très commune. Le non-accomplissement par le débiteur de sa nouvelle obligation fait revivre le droit d'action du créancier en raison de l'obligation primitive. Ainsi, une lettre de change, acceptée par le débiteur, n'opère l'extinction de l'obligation primitive qu'en tant qu'elle est payée, ou qu'en tant qu'il a été expressément convenu que la lettre de change était acceptée en paiement de l'ancienne dette.

La lettre de change n'est valable entre les mains du tireur contre l'accepteur, qu'autant qu'il y a une juste cause d'obligation, mais il n'en est pas de même à l'égard du tiers porteur. Exception cependant pour le cas où l'endossement a lieu après la maturité de l'effet ; l'équivalent fourni par le porteur à son endosseur immédiat peut, dans ce cas, être l'objet d'une contestation de la part du défendeur, accepteur de l'effet.

3° La remise peut être faite par acte ordinaire ou par acte sous sceau. La demande du créancier, qui a signé une remise par acte sous sceau, n'est pas recevable. La même demande est parfaitement recevable, si l'acte ordinaire a été employé, quand même l'acte exprimerait qu'un paiement partiel a été fait à titre de décharge complète.

L'inexécution d'une stipulation contenue dans un acte ordinaire est permise, s'il y a eu permission par un acte de même nature, c'est-à-dire permission même verbale, mais l'inexécution d'une stipulation, contenue dans un acte sous sceau, doit être permise par un acte de même nature.

La remise par l'un de plusieurs créanciers solidaires décharge le débiteur.

La remise en faveur de l'un de plusieurs débiteurs solidaires décharge tous les débiteurs ; si le créancier veut conserver son recours contre les autres débiteurs, il doit l'exprimer dans l'acte. L'action à intenter doit l'être contre tous les débiteurs solidaires, et le créancier dans le précédent cas y comprendra, pour la forme, le débiteur déchargé en fait et en droit, car par la remise, ce créancier se sera interdit tout droit de poursuite contre lui.

La remise est conventionnelle ou légale ; exemple de remise légale : le créancier qui nomme son débiteur comme exécuteur testamentaire, le décharge, car ce dernier ne saurait se poursuivre lui-même. La décharge opérée en vertu d'un concordat dûment formé entre un débiteur et ses créanciers est aussi une remise légale.

4° Le jugement d'un tribunal d'un pays étranger forme un moyen de défense de *res adjudicata*, s'il est établi que ce jugement est définitif et passé en force de chose jugée, d'après la *lex loci*. Donc le jugement définitif d'un tel tribunal rend non recevable la défense au fond devant le tribunal anglais. Pourquoi n'a-t-on pas plaidé tous les moyens de défense devant le tribunal étranger ? Exception cependant pour le cas où le jugement bouleverse les principes du droit naturel.

La sentence arbitrale constitue un bon moyen de défense à l'action basée, au mépris de la sentence, sur la cause primitive d'obligation. Lorsque toutes les questions sujettes à contestation sont portées devant l'arbitre, l'action intentée devant le tribunal sur une question réservée est inadmissible.

5° Les offres réelles ne sont pas possibles si la demande nait d'une somme liquide. Elles peuvent être faites par le débiteur ou par son mandataire au créancier ou à son mandataire. Les offres réelles d'une partie de la somme réclamée sont nulles. L'argent doit être produit, à moins que dispense n'ait été faite de le produire.

6° La prescription n'existe pas dans le droit commun. Cependant le juré pouvait autrefois, par suite du laps de temps, présumer la décharge. La prescription résulte de lois expresses dont la principale et la première remonte à Jacques Ier. Les créances sont prescrites par le laps de six ans. Les lettres de change, les billets à ordre et les chèques sont soumis à cette prescription. Il en est de même, mais en vertu d'une loi moderne, pour les créances entre commerçants. Si partie des articles d'un compte est dans le délai et partie hors du délai, tous les articles se rapportant à un seul et même contrat, la loi ne s'applique pas.

L'incapacité est une exception, les six ans remontant à l'époque de la cessation de l'incapacité. L'absence du débiteur « au delà des mers » entraîne la même exception.

La période ordinaire est donc de six ans. Douze ans sont prescrits lorsque l'obligation résulte d'un acte sous sceau, lorsqu'il s'agit d'une action au pétitoire, ou pour obtenir paiement d'un legs. L'action en dommages-intérêts pour coups et blessures, ou une arrestation opérée de mauvaise foi, est prescrite par quatre ans. L'action pour diffammation résultant de paroles est prescrite par deux ans. Une promesse écrite d'opérer le paiement, le paiement des intérêts, le paiement partiel du principal de la créance, l'action en justice, empêchent la prescription.

Les conclusions signifiées de la part du défendeur doivent déclarer en termes formels que le moyen pour repousser la demande est la prescription.

7° La compensation suppose la possibilité d'intenter une action basée sur une obligation séparée et contractée par le demandeur au profit du défendeur. L'obligation peut résulter d'un contrat ou être une obligation se résolvant purement et simplement par des dommages-intérêts.

Le tribunal pourra, s'il le juge convenable, disjoindre les deux demandes.

V. Engagements se formant sans convention

Ces engagements résultent de la loi ou du fait purement volontaire de l'homme.

Les services rendus entraînent le paiement d'une juste rémunération par celui qui les a demandés. Les usages du commerce peuvent être introduits lorsque les conventions ont dû être faites en vue ou avec la connaissance des usages du commerce.

Le profit tiré du fait volontaire d'autrui est une juste cause d'obligation, mais s'il n'y a pas de profit, il n'y a pas d'obligation.

VI. — Obligations résultant d'un préjudice et se résolvant par des dommages-intérêts

Ces obligations « torts » sont de quatre espèces :

1° Celles ayant trait à des immeubles ;

2° Celles ayant trait à des meubles ou provenant du fait d'animaux ou d'objets dangereux.

3° Celle ayant trait à la personne morale.

4° Celles provenant d'accidents de personnes.

Légalement le droit d'action existe même quand il ne résulte, au point de vue de la loi, aucun préjudice ; mais ce principe dû à l'école proculéienne anglaise, n'est guère admis dans la pratique.

Les « torts » sont : tous faits nuisibles, y compris les délits et quasi-délits. Je me limite à l'examen des faits nuisibles, indépendants d'un contrat, en me mettant au point de vue de la loi civile et des dommages-intérêts.

1° Les « torts » relatifs aux immeubles sont d'abord la violation du droit de propriété, ou du droit de jouissance. Il suffit pour demander des dommages et intérêts que l'on détienne le fonds en vertu d'un titre au moins supérieur à celui que produit le défendeur. L'action peut avoir pour conséquence de résoudre la question de savoir lequel du demandeur ou du défendeur est réellement propriétaire.

La preuve du fait d'un dommage réel causé par la violation du droit du demandeur entraînera une augmentation du montant des dommages-intérêts.

Une autre espèce de « torts » se présente lorsqu'un fait nuisible à la propriété d'autrui, est la conséquence de l'acte du défendeur, acte commis chez celui-ci : ainsi le défendeur fait le commerce de boucher et des odeurs malsaines pénètrent dans la maison du voisin. Le remède du demandeur consiste en une action en dommages-intérêts qu'il peut accompagner d'une demande à l'effet de faire défendre, par le jugement du tribunal, la continuation des agissements de la partie défenderesse.

Mais les dommages-intérêts ne peuvent être la conséquence d'un préjudice commis à l'égard du public. Pourtant, si un particulier souffre bien davantage du préjudice que le public, l'action du particulier est recevable.

Une troisième espèce de torts s'appelle la détérioration de la propriété par le fait du défendeur, qui dépasse son droit. Ce droit ne peut être un droit de propriété pur et simple. Ainsi, un usufruitier détériore le fonds sujet à son usufruit. Cette détérioration est due à un fait passif ou à un fait actif. Fait passif : laisser dépérir l'immeuble faute de réparations incombant à l'usufruitier. Fait actif : détruire des ouvrages appartenant à la propriété. L'action est la même que celle dont j'ai parlé un peu plus haut.

2° On peut être passible d'une action en dommages-intérêts pour avoir porté atteinte aux droits d'autrui sur des biens meubles soit en se les appropriant, soit en en usant d'une façon que rien n'autorise, sans pour cela se les approprier. On peut être passible de la même action ou bien de celle en restitution des objets, lorsqu'on les détient à tort.

Le premier fait s'appelle *conversion ;* le second, *trespass ;* le troisième, *wrongful detention.*

Exemple du premier fait : X achète à Y, simple dépositaire, des effets mobiliers, appartenant, sans que l'acheteur le sache, à Z, déposant. Z signifie une demande régulière à X d'avoir à lui restituer les effets. X refuse. Z a une action contre X, parce que X, acheteur d'un vendeur qui n'avait aucun droit de propriété ni aucun droit de vendre, n'a lui-même aucun droit sur les effets qu'il fait cependant siens, au mépris des droits de Z, véritable propriétaire.

Si Y dépositaire a vendu les effets dans sa boutique ou au marché, la solution contraire doit être posée.

Quid du droit de X si Y, au lieu d'être dépositaire, est un voleur? X aura-t-il acquis la propriété par l'achat, au marché, des effets volés? Non, si Z poursuit le voleur et le fait condamner par le tribunal à la peine prévue par la loi criminelle.

Exemple du second fait : un huissier vient saisir des biens n'appartenant pas au débiteur saisi.

En cas de dommage causé aux meubles d'autrui, il suffira, pour faire tomber l'action, d'établir que le dommage a été le résultat d'un accident inévitable. Exemple : mon cheval s'emporte et brise la vitrine d'un commerçant. Exception pour le cas où l'accident a eu lieu lorsqu'on commettait un acte illégal tel que coups et blessures.

Le possesseur des meubles au moment de la *conversion* ou du *trespass* a l'action. Mais si ce possesseur est un commodataire pour un temps déterminé et non expiré, lui seul peut exercer l'action. Si le temps n'est pas déterminé, le possesseur ou le propriétaire a l'action, chacun en raison de son droit. Donc, le dernier n'aura aucune action, s'il ne prouve un dommage permanent. Si le véritable propriétaire n'est pas connu, le possesseur qui détient l'objet trouvé par lui a l'action. Si le propriétaire est mort, l'action passe à ses représentants.

Une autre espèce d'action en dommages-intérêts est celle résultant pour le tiers du fait du véritable propriétaire ou du fait d'animaux à lui appartenant. Exemple : le véritable propriétaire prête à X des objets d'une espèce dangereuse ou ayant des défauts pouvant les rendre dangereux, défaut que le véritable propriétaire aurait pu ou dû connaître. X a une action pour le préjudice causé. Autre exemple : Z est propriétaire d'un animal féroce. Il est responsable envers X, si cet animal lui cause un dommage. Autre exemple : Z est propriétaire d'un animal qui n'est pas féroce par sa nature, mais l'est en fait. X, prouvant que Z connaissait le fait, aura droit à des dommages-intérêts. Autre exemple : Z est dépositaire d'un animal doux appartenant à X. L'animal doux est dévoré par un animal méchant appartenant au dépositaire. Celui-ci est responsable même quand il ne serait pas établi qu'il connaissait le fait de la méchanceté.

3° Les principaux torts ayant trait à la personne morale, dont les jurisconsultes s'occupent en traitant de la loi civile, sont : 1° les menaces ou les menaces suivies de coups et blessures ; 2° l'arrestation et l'emprisonnement non justifiés ; 3° les poursuites criminelles intentées par malveillance ; 4° la diffamation ; 5° la séduction.

1° Pour réussir dans son action en dommages-intérêts, le demandeur doit prouver le fait. La malveillance n'est pas un élément indispensable. La moindre violence est prohibée par la loi. Il a été jugé que les tribunaux anglais sont compétents bien que le fait incriminé ait lieu à l'étranger. Cette jurisprudence me paraît difficile à soutenir, en tout cas, impraticable.

2° L'exercice du droit de poursuite étant presque toujours confié aux particuliers, il arrive fréquemment que l'arrestation et l'emprisonnement ne sont pas justifiés par les faits. S'emparer de la personne d'un accusé, voilà un fait pouvant être accompagné de violence ou consister seulement à montrer l'autorité en vertu de laquelle on agit. Un homme de la police m'apprend qu'il doit m'arrêter ; je le suis, mais il ne me touche pas, voilà un exemple du dernier cas : j'ai droit à des dommages-intérêts contre celui qui a mis la police en mouvement.

3° Ces poursuites par malveillance sont assez fréquentes en Angleterre. Pour réussir dans une action en dommages-intérêts devant la juridiction civile contre celui qui aura

injustement intenté les poursuites criminelles, le demandeur doit établir : 1° la malveillance du défendeur : elle
se réfère à un acte fait à tort, intentionnellement et sans
excuse légitime ; 2° l'absence d'une cause raisonnable et
probable pour l'accusation ; cette question est laissée au
juge ; 3° le résultat favorable pour le demandeur des
poursuites dont il s'agit.

La loi permettant aux particuliers d'agir dans l'intérêt
public produit forcément les résultats les plus déplorables. Voici un exemple. Tous les faits sont personnellement connus de l'auteur, X s'adresse à Y pour que ce
dernier donne des références sur lui à Z, propriétaire
d'une maison meublée que X désire lui louer. Y accompagne X chez Z et les parties se voient plusieurs fois
avant de conclure une affaire. L'affaire conclue, X disparaît, emportant une partie des meubles. Z s'adresse au
magistrat, déclare sous serment que X et Y ont conspiré
ensemble pour le frustrer de ses meubles : le magistrat
ordonne l'arrestation d'Y, homme, d'ailleurs, parfaitement honorable et locataire d'une maison bien installée
depuis plusieurs années. Y est mis en prison préventive,
le cas vient devant le magistrat, le lendemain. Le renvoi à
huitaine est prononcé plusieurs fois en raison de la disparition de X. Quelques jours avant l'audience définitive,
laquelle a lieu en l'absence de X, deux mois après
l'arrestation, Y est libéré de sa prison préventive, deux
cautions ayant été à la fin obtenues aux termes de l'ordonnance. A l'audience, aucun témoin n'a inculpé Y ; tous
ont parlé de X seulement. Le magistrat a rendu une ordonnance de non-lieu. On m'a consulté pour savoir s'il ne
fallait pas poursuivre Z en dommages-intérêts. Z étant insolvable, je n'ai pu donner le conseil de poursuivre. Résultat net pour Y : une perte de considération, une perte
de 2,000 francs, un découragement moral qui ne l'a jamais quitté. Z s'est tout au moins trompé en dirigeant

une poursuite aussi terrible contre un homme honorable ;
il s'est trompé légèrement, et la légèreté, résultat de la
loi, a eu toutes les conséquences que je viens d'indiquer.

Je dis que l'intérêt public devrait être représenté par un
fonctionnaire public.

4° La diffamation peut résulter d'un écrit ou de paroles :
dans le premier cas, elle s'appelle *libel ;* dans le second,
slander.

Il faut, pour qu'il y ait *libel*, que l'écrit soit de nature
à porter atteinte au crédit ou à la réputation et qu'il
soit publié. La question fondamentale est une question
de fait, laissée à l'appréciation du juré. Le demandeur a
droit à son verdict quand même la preuve d'un dommage
réel ne serait pas fournie. Si le demandeur a fourni cette
preuve, le juré évaluera l'indemnité à une somme dépendant de l'ensemble des circonstances particulières. La malveillance, au point de vue légal, est aussi une condition du
succès de la demande, mais cette malveillance est sous-
entendue, sauf dans un cas dont nous parlerons plus loin.

Écrire que X voleur a volé ce n'est pas une diffamation,
d'où l'on voit que la preuve de la vérité des faits contenus
dans l'écrit fait tomber la demande. Le défendeur est admis à plaider qu'il a fait ses excuses avant tout procès ou
immédiatement après, mais c'est là admettre la justice des
prétentions du demandeur sans autre utilité que celle de
réduire le montant des dommages-intérêts. Ce moyen de
défense est applicable également à la diffamation résultant de paroles.

Il existe un cas où le demandeur doit faire la preuve de
l'existence de la malveillance au point de vue légal ; le cas
où l'écrit est en droit *privilégié*. Le juge devra décider si
le défendeur a écrit à un tiers pour remplir une obligation
à lui imposée, ou pour protéger ses intérêts, ce tiers étant,
en principe, tenu d'accomplir la même obligation ou ayant
en principe le même intérêt à défendre. Ainsi, si X est

mon domestique, j'ai l'obligation, non légale, mais d'après les conventions sociales, de dire ce que je sais de lui à un futur maître sur la demande de ce dernier. Croyant X voleur, je l'écris. X n'est pas voleur. Aucune action ne peut être intentée contre moi, à supposer ma bonne foi.

Les dépositions des témoins sont privilégiées.

Une loi de 1881 règle la diffamation résultant de comptes rendus, de réunions publiques paraissant dans les journaux. Ces comptes rendus sont privilégiés, à la condition qu'ils soient fidèles, et qu'on les ait écrits sans malveillance, loyalement, dans un intérêt public, enfin à la condition que le rédacteur a inséré dans son journal une explication ou un démenti *raisonnable*, provenant du tiers intéressé. Aucune poursuite criminelle ne peut être intentée sans l'autorisation du ministère public.

Je pense que tout ce qui n'est pas compte rendu, n'est pas privilégié.

La diffamation résultant de paroles diffère de celle résultant d'un écrit, en ce que, dans la première, il faut établir qu'elle a causé un dommage réel. A cette règle, il y a trois exceptions : 1° Le défendeur a allégué que le demandeur a commis un délit ou un crime, ou qu'il pourrait être puni de l'un de ces chefs ; 2° le défendeur a allégué l'existence d'une maladie contagieuse dont serait affligé le demandeur ; 3° le défendeur a imputé au demandeur l'incapacité d'exercer son métier ou sa profession, ou bien a dit sur lui des choses tendant à lui porter préjudice dans l'exercice de sa profession.

Dans ces trois cas, les paroles suffisent pour former la base d'une action ; la preuve d'un dommage réel augmentera le montant des dommages-intérêts.

5° La séduction ne peut jamais être une cause directe de dommages-intérêts, mais elle peut indirectement entraîner un verdict pour le demandeur qui doit être le père ou la mère ou un parent, ou son maître, si la personne séduite est une domestique. Le demandeur doit baser sa demande sur la perte de services et les frais encourus. La preuve de services, même les moins importants, rendus antérieurement par la personne séduite au demandeur, suffira pour le juré, car la tendance de la loi, parlant au nom de la morale publique outragée, est vers une grande sévérité à l'égard des séducteurs. Il n'y a pas de société digne de ce nom là où le respect de la femme n'existe pas : si l'homme n'est pas prêt à reconnaître ce principe volontairement, il faut le lui imposer.

4° Obligations résultant d'accidents de personne.

L'auteur d'un semblable accident doit des dommages-intérêts à la personne blessée. Le montant en est fixé par le juré. Peu importe que le fait provienne de la maladresse d'un cocher, si ce dernier agit d'après les ordres du maître.

Si l'accident est le fait de plusieurs, l'instance est dirigée contre eux tous ou contre l'un d'eux. Si le demandeur choisit la dernière voie, le défendeur ne pourra demander aux autres de contribuer au paiement de la somme, montant de la condamnation, car, *ex turpi causâ non oritur actio.*

Les chemins de fer doivent user des précautions nécessaires, à défaut de quoi ils peuvent être condamnés à des dommages-intérêts. Les défauts cachés, qu'il était impossible, malgré tous les soins, de découvrir, ne sont pas une cause de dommages-intérêts. Le chemin de fer devra prouver les soins.

La Compagnie pourra plaider non seulement que l'accident était inévitable, mais aussi que le demandeur y a contribué par sa propre maladresse, maladresse sans laquelle l'accident ne serait pas arrivé. Mais si le défendeur par ses soins eût pu éviter l'accident, nonobstant la maladresse du demandeur, le juré rendra un verdict pour le demandeur.

Le simple fait de l'arrivée d'un incendie dans une maison, incendie se répandant à la maison du voisin, ne suffit pas comme base d'action. En outre du fait, il faut qu'il y ait manque de soins ou mauvaise intention.

VII. Règles a l'aide desquelles on mesure les dommages-intérêts

. Les dommages-intérêts peuvent être une somme certaine ou incertaine suivant qu'il existe ou n'existe pas de convention.

. Les dommages-intérêts fixés d'avance ne peuvent pas toujours être recouvrés s'il s'agit, dans l'intention des parties, d'une peine. Si leur montant ne peut être fixé d'avance, mais que les parties conviennent néanmoins d'une somme déterminée, le tribunal allouera cette somme au demandeur. La peine ne peut être recouvrée à ce titre ; l'action doit être intentée pour dommages non liquidés. Les dommages peuvent être d'un chiffre nominal ou d'un chiffre plus ou moins élevé.

Les dommages pour défaut de livraison d'effets mobiliers vendus ne forment pas le seul remède. La loi de 1856 prescrit que le tribunal, sur le verdict conforme du juré, pourra ordonner la saisie des meubles vendus et leur livraison au demandeur, ou la saisie des biens du défendeur et leur détention jusqu'à livraison des susdits effets, ou jusqu'au paiement de leur valeur, au choix du demandeur.

Les dommages doivent être le résultat naturel et probable de l'acte du défendeur, et ceux que les parties lors du contrat doivent être censé avoir eu en vue dans l'éventualité de son inexécution. Cette règle est d'une application difficile ; elle est d'ailleurs la principale en matière de contrats.

Quant aux dommages résultant de « torts », les motifs ayant pu produire l'acte du défendeur sont examinés par le juré. Il en est de même dans un cas d'action *ex contractu* à savoir : l'action en raison de l'inexécution d'une promesse de mariage.

Quant aux dommages formés des intérêts d'une somme d'argent, le juré les accorde en matière de lettres de change et de billets à ordre, lorsque le contrat le porte, lorsque tous les actes antérieurs le justifient, lorsque la créance étant liquide et résultant d'un acte écrit qui stipule leur paiement à une époque déterminée, le juré est d'avis d'accorder des intérêts. En l'absence de cette stipulation, une demande doit être faite par écrit en avertissant le défendeur du but que l'on se propose : à savoir celui d'obtenir des intérêts.

Les intérêts ainsi accordés sont les intérêts légaux.

Le propriétaire qui fait une saisie lorsque aucun loyer n'est dû, doit des dommages s'élevant à deux fois la valeur des objets saisis et les frais de l'instance.

Principes de droit applicables aux affaires sur lesquelles statue le Tribunal de la Chancellerie.

J'aborde maintenant une source de droit plus nette et plus moderne que ne l'est la précédente. Je ne suis pas réduit aux hypothèses pour expliquer le sens du mot Équité (raison humaine appliquée à certains sujets déterminés), ni l'étendue précise des principes de cette source du droit. Les auteurs de ces principes sont connus ; leur œuvre est immortelle. Comme point de départ, ils ont pris l'existence d'un droit naturel et la nécessité de suivre la voie indiquée par ce droit ou par la raison, lorsque l'application de la loi naturelle était impossible.

Par une loi de 1873, la fusion fut opérée entre la tradition et la raison, les prescriptions de la dernière devant prévaloir en cas de conflit. Cette règle renferme une contradiction : il n'y a pas de fusion lorsque l'un des éléments est ainsi mis de côté.

La tradition a produit de belles choses : l'acte sous sceau est supérieur à l'acte qui n'est pas sous sceau ; le créancier hypothécaire est, par l'effet de son hypothèque, propriétaire de l'immeuble hypothéqué ; le survivant de plusieurs copropriétaires solidaires prend tout l'actif ; les dommages-intérêts sont le seul remède ; les meubles de la femme mariée deviennent la propriété du mari, en l'absence d'une stipulation contraire. Voilà quelques cas où le droit commun avait prononcé le dernier mot.

La tradition en matière de droit est déplacée. La raison, voilà la seule base, raison pouvant quelquefois être la tradition, sans qu'il y ait aucunement lieu de supposer que la tradition se conforme à la raison.

Qu'est-ce que prononce la raison, base de l'Équité, c'est le sujet des pages qui vont suivre.

Il est utile de faire observer que si l'Équité avait prononcé sur tout le droit civil, la fusion, telle qu'elle est entendue en Angleterre, serait possible. Nous déclarerions que la tradition était désormais remplacée par l'équité et tout serait dit ; mais cette dernière n'a statué que sur un nombre restreint de sujets. Dès lors la séparation est à peu près aussi inévitable que par le passé ; mais en ce monde il faut être content de peu.

Je désire aussi faire remarquer que l'équité se constitue de principes renfermés dans les précédents que les juges doivent suivre. Pourtant, puisque *boni judicis est ampliare juridictionem*, si la justice le requiert, l'Équité créera de nouveaux précédents pour faire face à de nouvelles exigences.

1° Les successions.

Nous avons vu que la loi expresse détermine l'héritier lorsque le *de cujus* est décédé *ab intestat*. L'Équité s'occupe des successions, au point de vue de leur liquidation

Elle établit les diverses natures d'actif, l'ordre de paiement des dettes, les diverses espèces de créanciers et les droits de chacune de ces espèces, l'actif qui doit supporter les dettes successorales et dans quel ordre. L'équité interprète les testaments et détermine les pouvoirs des exécuteurs testamentaires, des administrateurs et des fidéicommissaires.

La liquidation d'une succession mobilière est demandée par l'exécuteur testamentaire ou l'administrateur nommé par le tribunal du *Probate*, par les créanciers ou légataires ou, en l'absence d'un testament, par les créanciers ou par les représentants du défunt.

Si la succession est immobilière, sa liquidation est demandée par le fidéicommissaire, nommé dans le testament ou par l'héritier indiqué par la loi, enfin par les créanciers.

L'exécuteur testamentaire ou l'administrateur est un fidéicommissaire qui doit prendre les mêmes soins que le testateur, homme rangé, aurait pris lui-même, et doit exécuter scrupuleusement toutes les volontés du défunt. L'exécuteur doit faire établir l'authenticité du testament, faire rentrer l'actif, intenter en son nom tous procès nécessaires à cet effet, payer les dettes du défunt, acquitter les charges contenues dans le testament, notamment les legs.

L'exécuteur ne peut acheter les biens de la succession, sauf s'il consent à donner un prix plus élevé que celui offert par toute autre personne, et ou il est autorisé par le tribunal à se porter acheteur aux enchères.

S'il y a plusieurs exécuteurs, chacun n'est responsable que de ses propres actes. Le principe contraire prévaut à l'égard des fidéicommissaires.

L'exécuteur, autorisé à vendre les effets et à placer le prix de vente, doit effectuer ce placement en consolidés, en valeurs garanties par le gouvernement, en stock indien, en stock de la banque d'Angleterre ou d'Irlande, enfin en hypothèque. Voilà la règle générale en l'absence d'une clause dans le testament. Il est formellement interdit à l'exécuteur d'accepter la garantie personnelle. Si l'exécuteur fait des placements non autorisés, il est personnellement responsable des conséquences pouvant en résulter pour les intéressés.

L'exécuteur doit, lorsque l'actif net de la succession est laissé à divers par voie de succession, chercher un autre placement lorsque celui qui existe est un bail près d'expirer.

A l'égard du commerce que faisait le défunt, l'exécuteur peut le continuer si le testament le porte. Il est alors personnellement responsable des obligations qu'il contracte pour les besoins du commerce, mais le testateur aura eu soin d'affecter partie de l'actif aux besoins dont il s'agit, et l'exécuteur peut s'indemniser sur cet actif. Les créanciers ont le même droit.

La loi expresse contient une prescription à l'égard des baux signés en faveur du *de cujus :* l'exécuteur testamentaire est déchargé de toute responsabilité, pourvu qu'il prélève une somme suffisante d'après le bail, pour les améliorations à faire à l'immeuble loué.

L'exécuteur ne peut déléguer ses fonctions que par testament.

L'exécuteur, comme tout autre administrateur, doit toujours être prêt à rendre ses comptes. S'il rend ses comptes et que les intéressés trouvent l'intervention du tribunal inutile, la liquidation en justice n'a pas lieu. Si l'exécuteur prend sur lui de faire le nécessaire, et que les intéressés ne demandent pas l'intervention du tribunal, la liquidation ressemblera beaucoup à celle qui est faite par le juge.

On insérera des annonces dans les journaux demandant aux créanciers de se faire connaître, on paiera les dettes, on distribuera l'actif. Mais si l'actif est mal distribué, les intéressés pourront le suivre dans les mains tierces ou faire juger que l'exécuteur est personnellement responsable.

La situation ci-dessus est applicable aux fidéi-commissaires dûment chargés d'exécuter la volonté du testateur à l'égard des immeubles.

Quelles sont les diverses natures d'actif ?

Il n'y en a qu'une réellement aujourd'hui, mais autrefois il y en avait deux : l'actif aux yeux du Banc de la Reine, l'actif reconnu par l'Équité.

Autrefois aussi les immeubles n'étaient tenus des dettes que si le créancier avait obtenu une reconnaissance par acte sous sceau, liant l'héritier, le créancier en vertu d'un simple acte étant en droit strict exclu ; mais l'Équité déclarait que l'égalité était l'équité même et admettait la règle opposée.

Par une loi de 1870, toute espèce d'actif est le gage commun des créanciers.

Les dettes sont payées dans l'ordre suivant : 1° Celles qui sont payables à la couronne, en vertu d'un jugement ou d'un acte sous sceau.

2° Celles qui sont payables avant toutes autres que les dettes déjà expliquées, en vertu de lois particulières ; exemple : l'impôt sur le revenu.

3° Celles qui sont dues en vertu d'un jugement obtenu contre l'exécuteur ou autre représentant avant la décision du juge ordonnant la liquidation. Le jugement obtenu contre l'auteur doit être inscrit au bureau établi *ad hoc.*

4° Celles qui sont dues en vertu d'une reconnaissance faite en justice, ordinairement devant la juridiction correctionnelle, par laquelle on s'oblige à payer une certaine somme si l'inculpé ne se conforme pas à la volonté du tribunal.

5° Celles qui sont dues en vertu d'actes sous sceaux ou d'actes ordinaires.

6° Celles qui sont dues en vertu d'obligations contractées, sans équivalent.

Par la loi de 1873, les créanciers ayant un gage sont

mis dans la même situation que les créanciers d'une faillite ayant un gage.

Par la même loi, les créances pouvant être établies dans une liquidation correspondent à celles qui sont admises en cas de faillite.

Malgré que tous les biens soient le gage commun des créanciers, cependant l'Équité a toujours admis l'existence d'un certain ordre. Les dettes seront payées d'abord sur les meubles ne formant pas l'objet d'un legs, à moins que ce legs ne soit celui du restant de la succession, ensuite sur les immeubles destinés par le testateur au paiement des dettes ; ensuite sur les immeubles échus à l'héritier en vertu de la loi ; ensuite sur les immeubles compris dans un legs déterminé ou dans un legs du restant de la succession et destiné au paiement des dettes. Si cet actif ne suffit pas au paiement des dettes, elles seront prises sur les legs ordinaires, puis sur les legs d'objets déterminés ou venant sur un actif déterminé par le testament ; enfin sur les biens meubles et immeubles sur lesquels le testateur avait le pouvoir de disposer seulement et dont il a disposé soit par un acte volontaire, autrement dit, sans équivalent, soit par testament.

Le testateur peut dire que les meubles seront déchargés et que les dettes seront payées sur les immeubles. Par une loi de 1855, l'héritier d'un immeuble grevé de charges, ne peut exiger leur libération au préjudice des meubles ou des autres immeubles, à moins d'une déclaration contraire dans le testament. Par une loi de 1877, l'héritier d'un droit au bail ainsi grevé est dans la même situation.

Il est certain que les intéressés peuvent avoir à se plaindre de l'action des créanciers. Ces derniers ayant le droit de se faire payer sur toute espèce d'actif, il peut se faire que tel intéressé à l'égard de telle portion de l'actif voie cet actif disparaître grâce à l'action d'un seul créancier. Étant donné l'ordre suivant des intéressés : les héritiers des biens meubles en vertu de la loi, déduction faite des dettes et charges (les légataires du restant de la succession en cas de testament), l'héritier des immeubles en vertu de la loi, les légataires d'immeubles destinés par le testateur au paiement des dettes, les légataires ordinaires, les légataires d'immeubles et de biens meubles déterminés, enfin ceux au profit desquels le testateur a disposé en vertu d'un pouvoir — étant donné cet ordre, la règle est que dans le cas dont il s'agit, l'intéressé peut s'adresser à celui qui le précède jusqu'à ce que l'on atteigne le premier sur la liste.

Ce dernier n'a aucun recours.

Les legs ne sont pas, comme les dettes du défunt, payables sur les immeubles de la succession, à moins que le testateur ne l'ait voulu. Si donc, d'après le testament, certains legs sont payables sur l'actif mobilier seulement, et d'autres sont payables en premier lieu sur les immeubles, l'équité aura soin, en cas d'insuffisance des biens meubles, de rejeter les légataires de biens immeubles sur ces biens seulement, afin de laisser le plus possible de biens meubles libres pour garantir le paiement aux autres légataires.

Les legs, en faveur des sociétés de bienfaisance, sont valables sauf quelques exceptions seulement sur les biens meubles, encore il ne faut pas qu'au terme du testament les biens meubles soient convertis en immeubles. C'est une prescription de la loi expresse. Si donc, je lègue 50,000 francs à une société de bienfaisance, payables : 25,000 francs sur les meubles, 25,000 francs sur les immeubles, le legs sera nul pour la moitié. L'équité n'interviendra pas, car la loi est formelle, à moins toutefois que le testateur n'ait clairement exprimé son désir que cette intervention ait lieu.

L'acceptation pure et simple d'une succession n'existe pas en droit anglais. Nous reconnaissons seulement l'accéptation bénéficiaire, encore le terme acceptation d'une succession nous est, en réalité, inconnu.

2° Les Sociétés. Je demande pardon au lecteur de traiter les sociétés entièrement à cette place. Une partie du sujet appartient au droit commun, le restant relève de l'équité. J'ai toutefois jugé qu'il valait mieux ne pas diviser le sujet.

Une société, c'est une réunion de deux ou plusieurs personnes qui mettent leur travail ou des biens en commun, dans le but d'acquérir un bénéfice commun, et en tout cas, pour ce qui regarde les tiers, de supporter en commun les pertes résultant de l'entreprise commune.

La loi ne distingue pas entre les sociétés civiles et les sociétés commerciales, pas plus qu'elle ne distingue entre les commerçants et les non commerçants.

Les sociétés peuvent être formées sous telle raison sociale qu'il plaît aux intéressés de choisir.

Un simple prêteur de fonds est-il associé? Quelle a été l'intention des parties : qu'il n'y ait pas d'association? alors le prêteur n'est pas associé ; dans le cas contraire, il est associé. Aussi, une loi de 1866 a-t-elle prescrit que le simple prêt par écrit moyennant que le prêteur recevra un taux d'intérêt dépendant du chiffre des bénéfices, ou moyennant une part dans les bénéfices, ne constitue pas une association à l'égard de ce prêteur ; que la stipulation de payer un commis sur les bénéfices n'aura pas cet effet ; que la veuve d'un associé, recevant une rente de l'associé survivant, payable sur les bénéfices, ne sera, pour ce seul fait, considérée comme son associé ; que le tiers, recevant une rente sur les bénéfices en échange de la vente de la clientèle, ne sera, pour ce seul fait, un associé ; qu'enfin, le prêteur ou le vendeur ne viendra qu'après tous les autres créanciers de l'emprunteur, devenu insolvable.

Il y a trois espèces d'associés : 1° l'associé en nom collectif ; 2° l'associé se portant tel « nominal » ; 3° l'associé commanditaire.

Celui qui dit aux tiers qu'il est associé est responsable des dettes envers lesdits tiers, car ceux-ci ont contracté avec la société dans l'idée qu'ils seraient payés par lui aussi bien que par les autres associés.

L'associé commanditaire est responsable des dettes comme les autres, manifeste injustice basée sur le fait que cet associé prend sa part dans les bénéfices. On appelle l'associé commanditaire : « associé dormant » *(sleeping)*, c'est ironique.

De même que la société est formée par l'intervention de tous ceux que l'acte doit lier, de même le consentement de tous les associés est nécessaire pour faire intervenir un nouvel associé.

L'acte de société n'exige pas d'écrit.

La société est dissoute à l'égard des associés entre eux :

1° Par le consentement mutuel, ou par la volonté de l'un des associés exprimée de bonne foi, si la société devait durer aussi longtemps que les intéressés consentiraient à demeurer associés ;

2° Par l'expiration du temps ;

3° Par la faillite ou la mort de l'un des associés ;

4° Par le mariage d'une femme, si son mari refusait de donner son consentement à ce qu'elle reste associée.

La phrase qualificative n'est pas inscrite dans les livres, mais puisque, d'après la loi de 1882, la femme mariée peut contracter librement à l'égard de ses propres, et que, d'après la loi générale elle peut devenir associée pendant le mariage avec le consentement de son mari. il me semble qu'elle a besoin de ce consentement, mais de ce consentement seulement lors du mariage, pour rester associé.

5° Par le transfert à un tiers, de la part de l'un des associés, les autres ne pouvant être contraints de recevoir parmi eux le cessionnaire.

6° Par la condamnation de l'un des associés à une peine criminelle pour haute trahison ou *felony*.

7° Par l'accomplissement du but pour lequel la société a été formée, ou par l'existence d'un état de choses rendant cet accomplissement impraticable ;

8° Par un jugement du tribunal de la chancellerie.

L'Équité, sur la demande de l'un des associés, dissoudra une société de telle sorte qu'elle n'aura jamais existé en droit, si le dol a présidé aux stipulations d'où est sortie l'association ; l'Équité interviendra aussi si l'un des associés s'est conduit dans la gestion des affaires sociales d'une manière extrêmement blâmable ; si l'un des associés a commis des infractions continuelles aux clauses du traité, — le cas doit être très grave ; — si l'un des associés gérants s'absente d'une manière permanente, ou ne peut, en raison de ses occupations, gérer sérieusement les affaires sociales ; s'il y a incompatibilité de caractère telle que l'accord et la confiance ne puissent plus exister, et que la continuation des affaires n'est plus possible ; enfin si l'un des associés gérants est atteint d'aliénation mentale.

La société est dissoute, à l'égard des tiers, par la suppression du nom de l'associé, de la raison sociale et l'insertion au *Journal officiel* de la dissolution de la société ; et à l'égard des tiers ayant traité avec la société, par un avis spécial adressé à chacun d'eux. Si l'associé est commanditaire, il suffit de donner l'avis à ceux qui, en contractant avec la société, savaient qu'il était associé.

Droits des associés entre eux. Chacun des associés est solidairement et conjointement intéressé dans l'actif de la société ; mais la société étant distincte des individus qui la composent, l'intérêt de l'un des associés, débiteur de la société, d'après le compte établi en cas de dissolution, pourra être représenté par zéro.

Les associés, entre eux, doivent user de la bonne foi la plus absolue. Aucun des associés ne peut tirer directement ou indirectement de l'actif un bénéfice pour lui seul, l'Équité considérant l'associé ayant agi de cette façon comme fidéicommissaire.

S'il y a un acte écrit, *modus et conventio vincunt legem*, et l'intervention de la loi n'est requise que pour suppléer toute lacune existant dans l'acte.

L'exécution littérale de l'acte en entier et l'interdiction d'enfreindre ses clauses sont toujours l'objet d'une demande adressée au tribunal de la chancellerie. Ce tribunal interviendra, au premier cas, lorsqu'un terme a été fixé dans l'acte et qu'il y a eu un commencement d'exécution ; au second cas, toutes les fois que le tribunal jugera son intervention utile et nécessaire.

Tous les actes d'un associé relatifs aux affaires ordinaires de la société, ne lient pas les autres associés. Ainsi, le consentement donné au nom de la société par l'un d'eux pour se pourvoir devant arbitres, ne lie pas la société, la signature de l'un des associés apposée à un acte sous sceau ne lie pas la société ; de même pour la garantie de la dette d'un tiers. L'acte peut avoir la même conséquence si, eu égard à la profession particulière, il doit être considéré comme dépassant les pouvoirs de celui qui en est l'auteur.

Les associés ont une action les uns contre les autres dans certains cas : 1° lorsque l'associé n'apporte pas la chose stipulée ; 2° lorsqu'un compte a été arrêté définitivement, compte montrant que l'un des associés est débiteur envers l'autre ; 3° lorsque l'associé reçoit de l'argent pour le compte personnel de son coassocié et le porte au compte de la société ; 4° lorsque l'associé est contraint de payer un effet tiré par l'autre associé pour ses besoins personnels ; 5° lorsque l'un des associés a payé de l'argent pour les besoins de la société.

Quid du droit des associés entre eux en cas de dissolution ? Ce droit porte sur le produit de la vente de l'actif social, déduction faite des dettes. Ce droit subsiste jusqu'à la liquidation complète.

Si la mort de l'un des associés est la cause de la dissolution, le droit anglais reconnaissant l'héritier d'après la
loi pour les immeubles, et le représentant pour les meubles, à qui reviennent les immeubles? L'Équité a tranché
cette question en faveur du représentant, car la part d'un
associé se constitue d'une somme d'argent, et dès lors
l'immeuble est meuble.

Le représentant a droit à un compte et peut l'obtenir au
besoin du tribunal.

Le *jus accrescendi* n'est pas applicable aux associations
commerciales, le représentant d'un associé décédé prendra
sa part dans tout ce qui composait l'actif social.

La dissolution survenue du vivant des associés est demandée au tribunal de la Chancellerie. Ce tribunal ordonnera en même temps l'établissement du compte, la nomination d'un séquestre et, si cette mesure est nécessaire,
la nomination d'un gérant.

Droits des tiers contre les associés. La responsabilité des
associés commence du jour où l'association a en fait commencé. Chacun des associés étant en droit le mandataire
des autres a le pouvoir de les lier par des actes ordinaires
relatifs aux affaires de la société et, dans le cas d'une association commerciale, par des effets de commerce. Quant à
l'acceptation par l'un des associés d'un effet de commerce
tiré sur la société, il a été jugé que la société est responsable ; même à l'égard des associations non commerciales,
s'il est établi que les affaires exigeaient l'existence du pouvoir de lier les autres associés par des effets de commerce,
la société sera responsable.

Si le tiers savait que l'associé ne pouvait lier ses coasso-
ciés, ou devait raisonnablement le savoir, la société ne
sera pas responsable.

Les conséquences pour les tiers, de la dissolution arrivant par la mort de l'un des associés, ne sont pas aussi
faciles à désigner.

Si l'associé survivant avertit les créanciers que les dettes seront acquittées par lui, les créanciers auront-ils toujours deux recours : 1° l'un contre l'associé survivant, 2° l'autre contre la succession de l'associé décédé?

Non, si ces créanciers sont convenus d'une novation, autrement dit, de regarder l'associé survivant comme remplaçant la société dissoute.

A supposer, en présence les uns des autres, des créanciers personnels d'un associé décédé et des créanciers de la société dont cet associé était membre, comment régler les droits de ces divers créanciers sur les biens propres? Il est certain que les créanciers sociaux ont deux droits : ou de poursuivre la succession, ou de poursuivre l'associé survivant ; mais que, s'ils prennent la première voie, ils seront primés par les créanciers personnels de l'associé décédé. Réciproquement, les créanciers sociaux priment les créanciers personnels sur l'actif social.

Les droits des associés contre les tiers semblent s'étendre au pouvoir de chacun des associés de donner une décharge au nom de la société. La dissolution de la société ne mettrait pas fin à ce pouvoir, bien que l'associé ne soit pas désigné par l'acte pour recevoir les dettes actives en cas de dissolution.

Les hypothèques. La compétence exclusive du tribunal de la Chancellerie, en matière d'hypothèques, est limitée au rachat de la propriété hypothéquée et son transfert au créancier non payé. J'épuise le sujet à cette place puisqu'une grande partie des règles dérive de l'Équité.

Le droit commun avait sagement réglé qu'une hypothèque n'est pas une hypothèque mais un transfert de la propriété dès la création de l'hypothèque, transfert auquel le débiteur ne peut mettre fin qu'en versant au créancier, de la manière voulue, le principal, les intérêts et les frais, le transfert devenant irrévocable si le débiteur n'opérait pas ce paiement. L'Équité, se mettant au point de vue de l'intention, est intervenue pour dire qu'une hypothèque ne cessait d'être une hypothèque et que le débiteur avait le droit de se libérer dans un délai raisonnable après l'échéance de la dette, délai qui serait ordinairement de six mois après le jugement du tribunal fixant la somme due et ordonnant son paiement. L'Équité, reconnaissant que le créancier n'a qu'un gage, par une bizarrerie, accorde la propriété au créancier dont le débiteur ne satisfait pas son obligation de payer dans le délai en question. Par une loi de 1881, le tribunal a le pouvoir d'ordonner la vente seulement dans le cas où le créancier hypothécaire demande que le débiteur soit forclos purement et simplement, faute de paiement dans un délai déterminé.

Le débiteur ne peut, au moment du prêt, se priver du droit de se libérer.

Le droit du créancier est un droit personnel et passe à son exécuteur. Le droit du débiteur est un droit réel, car l'Équité le reconnaît comme seul propriétaire. Ledit droit passe donc à l'héritier.

Le droit de rachat peut être exercé par l'héritier, l'héritier testamentaire, l'usufruitier, le nu-propriétaire, un acheteur, un créancier hypothécaire subséquent, enfin par un créancier ayant obtenu un jugement contre le débiteur hypothécaire.

Celui qui a le droit de rachat a le droit de désintéresser tout créancier antérieur à lui en date.

Le paiement à faire doit comprendre tous intérêts jusqu'à l'époque fixée par l'acte pour la libération du débiteur. Si cette époque est dépassée, un avis de six mois doit être donné au créancier afin de lui permettre de trouver un nouveau placement.

Le créancier hypothécaire peut opérer son propre désintéressement en prenant possession des lieux et en touchant les revenus de l'immeuble. Il est comptable vis-à-vis le débiteur de tous revenus perçus ou qu'il aurait dû percevoir. Il peut aussi louer l'immeuble pour vingt et un ans ou pour quatre-vingt-dix-neuf ans si le terrain est loué pour bâtir. Il n'a droit à aucune rémunération pour ses peines et soins nécessaires pour faire rentrer les revenus ; il peut exiger la nomination d'un séquestre, et le débiteur sera tenu de le payer.

Il est obligé de faire faire à l'immeuble les réparations nécessaires, sur le surplus des revenus. Il ne peut commettre un préjudice au fonds, en abattant par exemple des arbres de haute futaie, à moins que sa garantie ne soit insuffisante.

Si le créancier n'a pas pris possession et n'a pas donné avis de son intention de prendre possession, le débiteur a droit aux revenus et peut poursuivre le paiement. Au même cas, le débiteur peut faire un bail de vingt et un ans ou de quatre-vingt-dix-neuf ans.

Le créancier n'est pas réduit : 1° à obtenir le jugement dont j'ai parlé ; 2° à entrer en possession de l'immeuble hypothéqué ; il peut encore : 3° vendre en obtenant l'autorisation du tribunal, en vertu d'une stipulation dans l'acte, ou en vertu de la loi de 1881 lorsque l'échéance est arrivée, ou les intérêts sont payables depuis deux mois, ou qu'il existe une inexécution par le débiteur d'une stipulation de l'acte, mais, en ce dernier cas, un avis préliminaire de trois mois est indispensable ; 4° Si l'acte contient une clause par laquelle le débiteur reconnaît le créancier comme son propriétaire, celui-ci peut saisir les effets se trouvant sur les lieux ; 5° si par l'acte le débiteur s'engage à rembourser la somme due, le créancier peut le poursuivre en recouvrement. Le créancier peut, au dernier cas, exercer simultanément ses droits contre la personne et ses droits contre l'immeuble.

Il faut parler aussi des droits des créanciers hypothécaires subséquents. Si un troisième créancier se dessaisit de son argent, supposant qu'il n'existait pas de deuxième créancier et que plus tard il prenne la place du premier, il a privilège sur le second pour le tout, pourvu que le premier n'ait pas été un fidéicommissaire, pouvant donner au créancier un droit reconnu par l'Équité seulement. L'auteur est malheureusement obligé de parler de la supposition de l'ignorance où s'est trouvé le troisième créancier de l'état véritable de la propriété, ignorance due à l'absence de bureaux des hypothèques. Pour ne faire intervenir aucune autre considération en faveur de leur création, voilà toute une doctrine soigneusement établie et bâtie sur l'ignorance de l'état de la propriété devant garantir le remboursement de la somme avancée. Sur trois créanciers hypothécaires, deux sont dans une situation regrettable, l'un d'eux sans sa faute peut toujours être exposé à perdre la totalité de son argent. Je ne saurais penser que c'est là un état de choses fait pour durer.

J'ajoute à cette place que si l'immeuble est situé dans le comté de Middlesex, dans celui d'York ou dans la ville et le comté de Kingston-Upon-Hull, les actes de vente seront nuls à l'égard d'un acheteur ou d'un créancier hypothécaire subséquent ayant fourni un juste équivalent, si l'acte n'est pas inscrit au bureau établi dans ces comtés, mais dans ces comtés seulement. Les testaments où il s'agit d'immeubles situés dans les comtés ci-dessus sont soumis à la même formalité.

Le premier créancier hypothécaire peut, s'il n'a pas reçu avis de l'existence d'une hypothèque subséquente, faire de nouvelles avances et réclamer son privilège po le tout.

Le privilège d'un créancier peut cesser d'exister en raison du dol ; Exemple : un premier créancier nierait l'existence de son droit et serait cause qu'un tiers avance ses fonds. La *crassa negligentia* du premier créancier peut avoir la même conséquence; Exemple : il confie les titres à son débiteur à seule fin que ce dernier obtienne une nouvelle avance. Cette avance est faite par des tiers. Ces tiers primeront le premier créancier. Voilà encore une conséquence de l'état de choses déjà signalé.

A moins que l'acte ne stipule le contraire, un débiteur de plusieurs prêts garantis par des hypothèques portant sur des propriétés différentes, qu'il ait ou qu'il n'ait pas cédé son droit de rachat, ne peut insister auprès de son créancier sur une libération partielle.

La créance hypothécaire peut résulter d'un simple dépôt des titres ; cette création de l'Équité ne me paraît pas heureuse. Le créancier peut obtenir le jugement dont j'ai parlé ou vendre. Les avances subséquentes, si telle était la stipulation lors du dépôt ou lors du nouveau contrat, sont garanties au créancier comme les premières.

Le créancier aura un droit de privilège sur un créancier subséquent ayant reçu avis du dépôt, mais si ce créancier subséquent, aux yeux de la loi stricte, s'est renseigné et qu'une raison sérieuse lui ait été donnée pour expliquer la non-remise des titres, la solution contraire doit être posée.

La vente d'immeubles hypothéqués ou grevés de charges, et la distribution du prix.

Un testateur peut charger ses représentants de payer ses dettes sur ses immeubles. Le fidéicommissaire ou l'exécuteur, si tout le droit du testateur n'a pas été transféré, a dans ce cas le pouvoir de vendre les immeubles : ordinairement on a recours au tribunal pour effectuer la vente.

Des créanciers hypothécaires peuvent avoir à former une demande pour arriver à la vente des immeubles hypothéqués. Cette demande est obligatoirement formée devant le tribunal de la Chancellerie.

Une vente d'immeubles grevés de charges peut être aussi un incident de la liquidation d'une succession.

Dans tous ces cas, la vente a lieu en vertu d'un juge-

ment, aux enchères publiques conduites par un « auctioneer » (commissaire-priseur) nommé par le juge ; le
prix est déposé à la caisse des consignations pour être distribué plus tard par le juge parmi les ayants droit. La vente
a lieu aux conditions approuvées par le juge ; le prix de
vente fixé par lui n'est pas divulgué au public. Si les enchères n'atteignent pas le prix fixé, il n'y a pas de vente.
L'acte de vente est préparé par l'acheteur et signé entre
les parties. S'il y a contestation, elle est portée devant le
tribunal et jugée sommairement.

Si un acheteur revend avec un bénéfice avant l'accomplissement des formalités nécessaires pour le faire déclarer
acheteur par le juge, le nouvel acheteur est considéré
comme remplaçant l'ancien et devra consigner le surplus
du prix.

Un acheteur ne perd pas le bénéfice de son achat par
suite d'une irrégularité dans la procédure, mais il est toutefois soumis à l'obligation de voir que la vente a lieu
dans les termes du jugement.

Il a été jugé que si l'immeuble vient à brûler avant l'accomplissement des formalités nécessaires pour faire déclarer le résultat de la vente, l'acheteur n'est pas tenu de
supporter le préjudice ainsi causé.

Un acheteur a droit à la possession de l'immeuble sitôt
que la vente a été dûment approuvée et qu'il a déposé son
prix ; l'acheteur a droit aux revenus à partir du trimestre
précédent, s'il entre en possession de l'immeuble à une
époque intermédiaire.

Les fidéicommis. Le fidéicommis paraît remonter à
l'an 1300. Les statuts de mainmorte prohibant l'aliénation de terres en faveur de maisons religieuses, les prêtres firent intervenir un fidéicommissaire ou substitué
avec mission de faire jouir les maisons religieuses des
revenus de la propriété. Ce fut le bouleversement du droit
commun. Aussi une loi d'Henri VIII déclara que le com-

missaire serait reconnu propriétaire pur et simple. Les prêtres, apercevant le préjudice apporté par la loi à la cause religieuse, détruisirent l'effet de l'acte du Parlement en établissant qu'il fallait agir conformément à la volonté du donateur, dire que le tiers serait reconnu substitué ; et l'autre partie, usufruitier.

Voilà où nous en sommes actuellement. Il y a toujours deux jurisprudences ; celle du droit commun ayant pour elle la loi expresse, ne reconnaissant que le substitué ; celle de l'Équité, reconnaissant le droit et du substitué et de l'usufruitier. Ces jurisprudences étant fusionnées, il faut dire, article 896, les substitutions sont absolument défendues. Article 896, A, les substitutions sont expressément permises. Article 896 B, les substitutions sont à la fois absolument défendues et expressément permises. Il y a fusion.

Non, il y a confusion.

Les contrats de mariage, les testaments ne sont guère complets sans qu'il y figure un fidéicommissaire ou un exécuteur testamentaire, ce dernier servant de fidéicommissaire pour les biens meubles.

La loi d'Henri VIII n'est applicable qu'aux immeubles.

Une loi de Charles II dit que les fidéicommis doivent résulter d'un écrit. Cette loi ne s'applique pas au fidéicommis de biens meubles.

On divise les fidéicommis en : 1° fidéicommis résultant des termes formels de l'acte dont l'objet peut être un particulier ou une œuvre de bienfaisance ; 2° fidéicommis présumés, 3° fidéicommis résultant de la jurisprudence.

1° La jurisprudence de l'Équité et celle portant sur la loi expresse ne sont pas toujours en désaccord au sujet de l'interprétation des actes des fidéicommis. Si l'acte contient les clauses définitives elles seront interprétées par le tribunal comme la loi le veut. Ainsi, un fidéicommis en faveur de X pour sa vie et ses héritiers directs aura pour conséquence de conférer au premier institué les droits d'un propriétaire conditionnel, car d'après la jurisprudence portant sur la loi elle-même, les héritiers prennent seulement dans ce cas ce que leur a laissé leur auteur. Mais si un acte définitif n'a pas été fait et qu'il résulte clairement du document préliminaire que cet acte est à faire, l'Équité peut suivre ou ne pas suivre la loi. Les règles à observer en ce cas sont relatives à l'intention du déposant. Spécialement, lorsque des conventions matrimoniales ne sont pas définitivement exprimées dans un acte non suivi d'un acte définitif, l'Équité aura égard à l'intérêt des enfants à naître et ordonnera que l'usufruit soit accordé au mari sur ses biens propres et le droit de propriété conditionnel aux enfants, car l'intention des parties à dû être de sauvegarder la situation de ces derniers. Au contraire, dans les testaments, l'Équité ne supposera pas l'existence de telle ou telle intention, mais elle examinera quelle est l'intention exprimée par le testateur. Si cette intention n'est pas claire, le sens strictement technique des expressions employées gouvernera la solution.

Un fidéicommis sans cause, mais définitivement exprimé dans l'acte, sera reconnu valable en justice. C'est, je suppose, une faveur accordée à ce genre de disposition de la propriété. Le fidéicommis n'est considéré comme définitivement exprimé que si le donateur a fait tout ce qui était nécessaire pour transférer la propriété et rendre l'acte obligatoire en ce qui le concerne.

Un acte de fidéicommis est souvent fait par un débiteur en faveur de ses créanciers. Si l'acte a été fait sans leur concours, les pouvoirs donnés par le débiteur sur ses biens sont révocables. Le créancier qui n'a pas signé l'acte doit avoir montré son acquiescement. Alors les pouvoirs sont irrévocables pour ce qui regarde ce créancier.

La loi expresse règle, comme nous l'avons dit, que le transport des créances est effectué par un acte écrit, signifié au débiteur. L'Équité considère que l'ordre donné par un débiteur à un tiers, détenteur d'argent appartenant au débiteur, de remettre cet argent à un créancier nommé, ordre que le débiteur remet à son créancier et que ce dernier communique au tiers, constitue une sorte de fidéicommis en faveur du créancier, et transfère la propriété de la somme à son profit. Ce n'est pas un acte de transport régulier d'après la loi, mais le résultat est le même, celui de conférer un droit *in rem* est même un droit de privilège sur tous autres cessionnaires ou ayants droit postérieurs à la signification de l'acte ou de l'ordre en question.

La situation du cessionnaire est en principe la même qu'était celle du cédant.

Pour créer un fidéicommis, il faut que les paroles dont se sert l'auteur de l'acte soient impératives ou ne contiennent aucune équivoque. Les biens et les personnes doivent être nettement déterminés.

Le tribunal interprétera difficilement une simple recommandation comme équivalent à un fidéicommis. Si le tribunal refuse de donner suite au fidéicommis, les biens reviennent, s'ils sont immeubles, à l'auteur indiqué par la loi de 1833 ; ou s'ils sont meubles, aux personnes indiquées par la loi de Charles II.

Fidéicommis dont l'objet est une œuvre de bienfaisance.

Nous parlons de testaments.

Si l'objet est exclusivement une œuvre de bienfaisance, que l'intention soit claire, mais que le donataire ne soit pas exactement déterminé, le tribunal mettra la clause du testament à exécution, en indiquant d'office les tiers devant bénéficier de ladite clause. Si les fonds ne sont pas épuisés par le testament, l'Équité ne remettra pas le surplus aux héritiers, mais elle comblera la lacune en faveur de donataires qu'elle indiquera aussi d'office.

Que l'objet soit un particulier, ou une œuvre de bienfaisance, si la somme est laissée à un exécuteur à nommer plus tard, nomination que ne fait pas le testateur, le tribunal mettra la clause à exécution, se constituant exécuteur testamentaire à cet effet.

2° Fidéicommis présumés.

Si un acte de vente a été fait à un tiers autre que l'acheteur ou celui ayant payé le prix de vente, ce tiers sera un fidéicommissaire chargé de remettre les biens achetés à celui qui a payé le prix de vente. La preuve testimoniale est admise pour démontrer que le tiers n'est qu'un mandataire de l'acheteur.

A supposer que le testateur meure sans héritier, le fidéicommis ou l'exécuteur a-t-il droit aux biens vacants ou ces biens reviennent-ils à la Couronne ?

L'exécuteur aura droit aux meubles vacants. Le fidéicommissaire, nu-propriétaire pur et simple aux termes du testament, prendra les immeubles. De même si un débiteur hypothécaire, propriétaire pur et simple, vient à mourir *ab intestat* et sans laisser d'héritier, le droit de rachat reviendra au créancier, après le paiement des dettes.

Avant 1830, le restant de la succession mobilière (après le paiement des dettes, des charges et des legs) dont ne disposait pas le testateur, revenait à l'exécuteur. Depuis cette date, l'exécuteur est constitué par la loi fidéicommissaire chargé de remettre ce restant aux personnes indiquées par la loi de Charles II.

Le survivant de plusieurs copropriétaires sera, autant que faire se peut, considéré par l'Équité comme étant un fidéicommissaire, chargé de remettre aux représentants du copropriétaire décédé, sa part et portion. Ainsi, si l'argent avancé par deux copropriétaires pour l'achat d'un immeuble, a été avancé par parts inégales, le survivant sera considéré comme un fidéicommissaire, chargé de remettre la part du *de cujus* à ses représentants.

3° Fidéicommis résultant de la jurisprudence.

L'acheteur qui n'a pas payé son prix prend l'immeuble *cum onere,* et l'Équité considérant qu'un fidéicommis a été créé au profit du vendeur, constitue l'acheteur fidéicommissaire. Il en est ainsi quand même mention serait insérée dans l'acte du paiement du prix de vente, et une quittance donnée, si le prix n'a pas été remis effectivement. Le droit du vendeur prévaut à l'égard de l'acheteur, ses héritiers et tout donataire, enfin à l'égard de tout acheteur subséquent devenu acquéreur tout en sachant que le prix était dû au vendeur primitif.

Le privilège du vendeur sera perdu: 1° s'il a accepté une autre garantie aux lieu et place de son droit sur l'immeuble; 2° s'il n'use pas des diligences nécessaires pour sauvegarder son droit. Le tribunal est jugé souverain.

L'acheteur a un privilège sur les biens restant en la possession du vendeur et formant portion des propriétés vendues pour la totalité ou la partie du prix d'achat versée prématurément.

Parlons maintenant de la jurisprudence de l'Équité au sujet des fidéicommissaires.

Le fidéicommissaire doit agir comme l'homme très prudent agit dans ses propres affaires ; si le fidéicommissaire fait autrement, ceux au profit desquels le fidéicommis a été créé, ont une action dont le but est ordinairement de rendre le fidéicommissaire responsable sur ses biens personnels.

Le fidéicommissaire doit avoir son domicile en Angleterre, mais un étranger, un mineur ou une femme mariée peut, en thèse, être fidéicommissaire.

Un fidéicommissaire est nommé soit par un acte, soit par le tribunal. Ainsi, si le fidéicommissaire venait à mourir, le tribunal en cas de besoin nommera son remplaçant.

Le tribunal, seul, peut empêcher un acte, en dehors de ses pouvoirs que voudrait faire le fidéicommissaire.

Un fidéicommissaire ne peut renoncer à sa fonction, sauf du consentement des intéressés, s'ils sont majeurs ; ou si, malgré sa retraite, il reste deux fidéicommissaires. Alors il pourra renoncer par acte sous-sceau.

Le fidéicommissaire ne peut déléguer sa fonction sauf dans certains cas particuliers très exceptionnels.

Bien que les plus grands soins doivent être prodigués par le commissaire dans l'accomplissement de ses obligations, cependant aucune rémunération ne lui est allouée ; le fidéicommissaire, dont les fonctions résultent de la jurisprudence, forme une exception à cette règle.

S'il y a plusieurs fidéicommissaires, l'un d'eux est admis à prouver qu'il n'a reçu aucune partie d'une somme d'argent, mais qu'elle a été remise en entier à son collègue. Toutefois la responsabilité du premier ne finit pas par cette preuve : il doit aussi établir qu'il a veillé à ce que son collègue fasse emploi de la somme dans un délai raisonnable.

Une loi de 1859 déclare le fidéicommissaire responsable de ses propres actes seulement, mais la loi ne s'appliquant pas à tous les cas, il est usuel d'insérer dans l'acte une clause *ad hoc*.

Les fidéicommissaires doivent toujours être prêts à rendre leurs comptes aux intéressés. Ces derniers peuvent se contenter du compte fourni ou s'adresser au tribunal pour en obtenir un nouveau, ou bien un redressement de compte lorsque certains articles sont omis ou insérés à tort.

Par une loi de 1847 le fidéicommissaire peut se dégager de toute responsabilité en consignant les sommes, objet du fidéicommis. Les intéressés doivent alors former une demande au tribunal.

Quant aux droits des intéressés, ces derniers ont, dans tous les cas, une action contre le commissaire pour inexécution des clauses de l'acte qui les concernent, ils ont aussi une action contre les tiers, cessionnaires du chef du commissaire, sauf le cas où les tiers ont fourni un équivalent et n'ont pas été avertis qu'ils traitaient avec un fidéicommissaire. Les intéressés possèdent le droit de suivre les biens injustement aliénés par le commissaire.

L'intéressé majeur n'a pas de recours contre le commissaire pour inexécution des clauses de l'acte en cas de ratification subséquente par un acte sous sceau.

Les actes sous sceau. — On verra plus tard que l'équité modifie ou annule les actes en cas d'erreur ou de dol.

L'exécution littérale des actes.

C'est ce qu'on appelle *specific performance*. Le principe sur lequel le tribunal se base pour se déclarer compétent est que les dommages-intérêts ne suffiraient pas pour satisfaire aux justes réclamations du demandeur. La compétence exclusive du tribunal de la Chancellerie ne s'étend plus, en cette matière, depuis la loi de 1873, qu'aux contrats de vente d'immeubles et aux contrats pour les baux.

Que les contrats soient relatifs à des meubles ou à des immeubles, la règle est la même, avec cette restriction, c'est que les meubles non livrés pouvant fréquemment être trouvés ailleurs, il suffira dans beaucoup de cas de demander des dommages seulement.

Les contrats relatifs aux immeubles doivent, aux termes d'une loi de Charles II, résulter d'un écrit. Malgré la loi, l'équité intervient: 1° si le défendeur reconnaît le contrat dans ses conclusions et n'invoque pas la loi; 2° Si le demandeur peut établir de sa part un commencement d'exé-

cution du contrat verbal. La possession d'un terrain donné
en vertu du contrat verbal équivaudrait à un commencement d'exécution ; 3o si l'intention a été de rédiger un
contrat, projet qui n'a pu être mis à exécution par suite du
dol du défendeur, car en l'absence d'une doctrine semblable, la loi contrairement au but pour lequel elle a été pro-
mnlguée, protégerait d'une manière indirecte ceux qui
agissent malhonnêtement.

N'est pas ordonnée l'exécution des contrats immoraux
ou des contrats illégaux, des contrats révocables et des
contrats sans cause, des obligations de rendre des services,
des contrats où il existe une absence de mutualité.

Un exemple saisissant du dernier cas est un contrat fait
avec un mineur, contrat dont le mineur ne pourra demander l'exécution, le défendeur n'ayant pas le même recours.

Le défendeur peut plaider : 1° le dol ou le fait de l'énon-
ciation par le demandeur de fausses déclarations, sans
lesquelles le contrat n'aurait pas eu lieu ;

2o Le fait de l'erreur par suite de laquelle il serait inéquitable d'ordonner l'exécution du contrat. La preuve
testimoniale est admise, la loi ne disant pas qu'un contrat
écrit liera les parties, mais qu'un contrat non écrit ne
suffira pas pour les lier.

L'erreur provenant exclusivement de l'imprudence ou
du défaut de soins de la part du défendeur, ferait tomber
la demande, quitte pour le demandeur d'exercer son droit
de réclamer des dommages-intérêts. Le défendeur peut
prétendre aussi sous le chef de l'erreur que le contrat
écrit ne représente pas fidèlement les conventions verbales.
L'Équité admettra la preuve testimoniale et ordonnera, s'il
y a lieu, que le contrat réformé soit exécuté selon sa forme
et teneur. Mais la preuve de la modification verbale, opérée postérieurement à la signature du contrat, n'est pas
admissible, à moins qu'il n'y ait dol à rejeter la modifica-

tion ou qu'il n'existe un commencement d'exécution des clauses modifiées, jugé suffisant.

3° Le fait de l'inexactitude dans la description de l'objet vendu, d'où il résulte que le défendeur est devenu acquéreur de ce qu'il n'avait jamais eu l'intention d'acheter. Le tribunal, s'il n'y a pas eu dol, réformera le contrat, en dédommageant le défendeur, ou rejettera entièrement la demande.

4° Le fait de l'inexécution par le demandeur de sa partie du contrat à l'époque convenue. Ce moyen de défense n'est valable qu'au cas où l'exécution à l'époque particulière était, d'après les conventions, ou d'après la nature de ce qui formait leur objet, une condition essentielle ; et au cas où l'exécution à cette époque est devenue une condition essentielle par suite d'un avertissement jugé raisonnable.

5° Le fait de l'insuffisance de l'équivalent à fournir d'après le contrat; mais l'insuffisance doit être telle qu'elle rendait oppressive l'exécution des conventions. Dans ce cas l'Équité renverra le demandeur à se pourvoir en dommages-intérêts devant le Banc de la Reine.

6° Le fait de l'impossibilité où se trouve le demandeur d'établir son titre de propriétaire.

Le tribunal, en statuant sur ce point, aura égard généralement aux conditions de la vente. Si le défendeur a des réserves à faire, il doit se garder de prendre possession sans conditions, particulièrement lorsque la vente résulte d'un jugement, auquel cas l'entrée en possession est toujours considérée comme une acceptation tacite du bon droit du vendeur.

Le partage et la vente des immeubles indivis.

Le tribunal peut, nonobstant le refus de consentement de la part de certains intéressés, ordonner la vente ou le partage, suivant que le tribunal considère comme étant plus avantageuse l'une ou l'autre de ces deux voies. Le tribunal doit ordonner la vente, si la moitié en nombre des propriétaires le demande, à moins que le juge ne considère qu'il y a juste cause de ne pas se conformer à cette demande. Si le tribunal ordonne le partage, il établira les droits des intéressés et fera faire une expertise ; il ordonnera enfin qu'un acte de partage, basé sur le rapport des experts, soit signé entre les parties. S'il y a des intéressés mineurs, le tribunal ordonnera qu'ils soient représentés par telles personnes qu'il indiquera.

La garde de la personne des mineurs et l'administration de leurs biens.

La loi anglaise reconnaît quatre espèces de tutelle: 1° celle du père, elle s'étend à la personne et aux biens ; 2° celle résultant du testament du père. Elle a le même effet ; 3° celle de la mère. Cette tutelle me paraît ne pouvoir jamais s'étendre qu'à la personne, elle résulte d'un jugement du tribunal ou de la loi ; 4° celle résultant d'un jugement du tribunal de la Chancellerie. Cette tutelle s'étend en principe seulement à la personne.

1° La question de savoir si le père administrateur doit pourvoir sur ses biens personnels aux frais de l'entretien et de l'éducation, doit en principe se résoudre par l'affirmative, et ce, quand même l'acte ou le testament en faveur de l'enfant contiendrait la faculté pour les fidéicommissaires de fixer telle somme *ad hoc* qu'ils jugeraient convenable. Ce principe n'est jamais suivi si, dans le contrat de mariage du père, il est expressément stipulé que tel actif sera affecté aux frais en question, et si le père est trop pauvre pour faire face à ces frais sur ses biens personnels.

Dans l'intérêt de l'enfant, le tribunal de la Chancellerie pourra toujours, dans les cas graves, ôter au père la garde de la personne et l'administration des biens de ses enfants mineurs, et confier à un tiers cette garde et cette administration.

La garde de la femme mariée qui se marie appartient à son mari.

Je ne trouve pas dans la loi ou la jurisprudence de règle portant que le mineur devenu majeur ait un recours contre son père en raison de sa mauvaise gestion, mais il est certain que le père, comme tout autre tuteur, doit rendre ses comptes lors de la majorité de l'enfant et se trouve soumis jusque-là au contrôle du tribunal ; or, il me semble que si ce dernier n'a pas été mis à même d'exercer ce contrôle pendant la minorité, le mineur devenu majeur doit pouvoir exercer son recours afin que le tribunal le remette, autant que faire se peut, dans la même situation que si l'exercice de son contrôle avait été demandé en temps utile.

Si le père a confié l'enfant aux soins d'un tiers, lequel s'est chargé en quelque sorte de son entretien ou de son éducation, le tribunal maintiendra cet état de choses, pourvu qu'il soit le plus avantageux pour l'enfant.

2_0 La tutelle testamentaire s'étend en principe aux enfants légitimes seulement, mais le tribunal confirmera la nomination faite par le père d'un tuteur pour ses enfants naturels. La première dure jusqu'à la majorité ; la seconde, jusqu'à ce que l'enfant ait atteint sa seizième année. Le tuteur testamentaire peut faire des baux pour une période n'excédant pas la durée de ses fonctions.

3° La tutelle de la mère résulte d'un jugement du tribunal, lorsque, le père étant mort et n'ayant nommé aucun tuteur, il n'existe pas d'objection à la nomination de la mère, auquel cas le tribunal la préfère à tout autre.

D'après une loi de 1857, le tribunal des divorces peut donner la tutelle à la mère dans les cas où il le juge convenable.

D'après une loi de 1873, le tribunal de la Chancellerie,

même du vivant du père, peut, si l'intérêt de l'enfant l'exige, confier la tutelle à la mère, jusqu'à ce que l'enfant atteigne l'âge de seize ans.

4° Cette tutelle existe lorsque l'enfant a des biens, mais que son père est mort, et qu'il n'existe aucun tuteur pouvant ou voulant agir. Elle entraîne la responsabilité directe vis-à-vis le tribunal. Le tuteur prend lui-même les mesures relatives à l'éducation du pupille, mais si la résidence à l'étranger de ce dernier est jugée nécessaire par le tuteur, le tuteur doit demander l'autorisation du tribunal, autorisation que celui-ci peut accorder, si l'on donne caution de produire le mineur à toutes époques fixées par le tribunal. A l'égard de l'entretien du pupille, le tuteur doit demander l'intervention du tribunal. Celui-ci fixera les sommes à allouer pour cet objet, sommes qui dépendront de l'âge de l'enfant, de l'état de sa fortune, de la situation sociale qu'il devra occuper étant majeur.

Cette situation s'applique aussi aux tuteurs testamentaires, lorsque leurs pouvoirs relatifs aux dépenses à faire pour l'entretien ne sont pas précisément délimités.

La jurisprudence n'a pas fixé l'étendue des pouvoirs du tuteur relativement aux biens. Il est certain qu'il peut donner des quittances pour la partie des revenus nécessaire à l'entretien du mineur ; que le tuteur n'est, hormis ce cas, garanti d'une manière absolue, contre toute responsabilité éventuelle à l'occasion de sa gestion que si l'autorisation du tribunal a été demandée et obtenue. Les baux, les conversions de meubles en immeubles, d'immeubles en meubles, sont les cas ordinairement cités où cette autorisation est indispensable.

Observations supplémentaires.

Une mère qui se remarie, cesse d'être tutrice.
Une femme mariée sera difficilement nommée tutrice.

La tutelle déférée par le tribunal cesse, lorsque l'un des tuteurs vient à mourir. Il n'en est pas de même au cas de décès de l'un de plusieurs tuteurs testamentaires.

La religion de l'enfant est celle du père.

Quant au mariage des mineurs dont le tuteur a été nommé par le tribunal ou qui se trouvent sous la protection du tribunal relativement à leur personne ou leurs biens, ce mariage ne peut avoir lieu sans l'autorisation expresse du tribunal. A défaut de cette autorisation, le mari peut être condamné à une peine et n'en sera relevé que sur sa demande et après avoir signé un contrat de mariage approuvé par le juge. Mais si le mariage n'a pas été fait, le tribunal a le pouvoir de refuser son consentement et n'accorde ce consentement qu'à la condition qu'un contrat de mariage équitable soit préalablement signé par les futurs. Si le futur mari n'a pas de biens, le juge en permettant le mariage, ne lui accorde ordinairement que la cinquième partie des biens de sa future, par testament, d'où il résulte que pour le tribunal le mariage ne doit aucunement être une spéculation. Principe excellent, mais il y a lieu de dire quelquefois : *Summa æquitas, summa injuria*. Un homme n'ayant rien que du mérite personnel peut être un mari fort désirable ; un homme ayant un million de livres sterling, peut être un mari qu'un bon père de famille ou un bon juge devrait renvoyer sans merci ; mais dans l'année 1884, comment oserais-je m'aventurer même jusqu'à mettre en présence le mérite personnel et un million de livres sterling ?

A l'égard des contrats des mineurs, ces contrats sont valables lorsqu'ils portent sur des choses nécessaires à la vie suivant la situation sociale, et lorsqu'ils favorisent les intérêts des mineurs.

Les sociétés anonymes. — La principale loi sur les sociétés anonymes est celle de 1862 ; les autres lois sont celles de 1864, 1867, 1877, 1879 et 1880.

La loi de 1862 a définitivement réglé les bases des sociétés anonymes, bases beaucoup trop libérales à mon avis parce qu'elles permettent la création de sociétés anonymes par le consentement de sept personnes au moins, souscrivant chacune une action d'une livre ou même d'un schelling. Ainsi capital social ; le droit de poursuivre le versement de 8 fr. 50 c.; bureaux dans la cité de Londres et avenue de l'Opéra, premier étage. Il est parfaitement vrai de dire que dans un pays libre, une telle loi donne un très grand essor aux affaires et à la spéculation, que sur la multitude des sociétés créées, un nombre considérable seront bonnes et sérieuses ; mais d'un autre côté, comme une loi pareille ouvre la porte toute grande aux spéculations véreuses ! je ne trouve pas que le législateur ait suivi le juste milieu : tout en permettant et facilitant la spéculation sur une grande échelle, il n'a pas protégé suffisamment le public contre les mauvaises spéculations publiées d'ailleurs avec le cérémonial, et annoncées par tous les battements de tambour requis ou d'usage lors de l'inauguration des bonnes affaires.

Ces sociétés, dit la loi de 1862, peuvent être à responsabilité limitée ou illimitée. Réserve est expressément faite pour les banques ayant la faculté d'émettre des billets; celles-là sont illimitées jusqu'au montant de l'émission de billets.

Si les intéressés sont plus de dix en matière de banque, ou plus de vingt dans tout autre commerce, ils doivent se constituer en société anonyme.

L'acte de société d'une société anonyme à responsabilité limitée doit contenir le nom de la société, et après la mention du nom, le mot *limited ;* la partie du Royaume-Uni où les bureaux doivent être situés, le but pour lequel la société est créée, but que la loi dit implicitement devoir être l'acquisition d'un bénéfice commercial, une déclaration que la responsabilité des membres est limitée, le montant du capital divisé en actions d'une valeur déterminée. Chacun des sept membres doit souscrire au moins une action et écrire en face de sa signature le nombre des actions par lui souscrites.

Si la responsabilité des membres de la société est limitée à un certain montant, il faut modifier l'acte et insérer la mention de la somme pour laquelle chacun des intéressés doit contribuer au paiement des dettes et des frais de liquidation. La responsabilité est conditionnelle : 1° Il faut que la liquidation ait lieu pendant le temps où l'intéressé reste membre de la société ou pendant un an au delà.

2° Que les dettes aient été contractées avant le temps où l'intéressé a cessé d'être membre de la société.

L'acte de société d'une société illimitée doit contenir le nom de la société, la partie du Royaume-Uni où les bureaux doivent être situés ; le but pour lequel la société est créé.

Des statuts imprimés doivent accompagner l'acte, si la société est à responsabilité illimitée à un certain montant. La loi de 1862 donne un modèle souvent adopté pour les petites affaires.

L'acte de société et les statuts doivent être vérifiés quant à leur forme par le chef du bureau créé par la loi. Vérification faite, le chef du bureau délivre son certificat, la société est formée et peut commencer ses opérations.

Le bureau doit permettre au public d'examiner l'acte de société et les statuts de toute société anonyme formée dans les termes de la loi.

Le nombre des actions est constaté par un certificat nominatif délivré par la société.

Les actions sont meubles et peuvent être transférées par un acte sous-sceau dont mention est faite dans le registre. La société (loi de 1867) peut délivrer des certificats au porteur lorsque les actions sont entièrement libérées ou les actions nominatives entièrement libérées pouvant être converties en stock au porteur, lorsqu'il s'agit de stock, c'est-à-dire, d'une quotité déterminée du capital social, telle par exemple qu'un cinquantième.

Toute société doit posséder un registre contenant les noms de ses membres et le nombre des actions souscrites par chacun. Une liste des membres doit être déposée tous les ans au bureau officiel.

Toute société doit avoir un bureau dont l'adresse est dûment notifiée. Au siège social, le nom de la société doit être écrit lisiblement. Même prescription à l'égard de toutes lettres, circulaires, factures, etc.

Toute société doit avoir un registre contenant mention de toutes hypothèques ou charges affectant les biens de la société.

Toute banque et toute compagnie d'assurance formée aux termes de la loi de 1862 doivent, avant de commencer leurs opérations, et le premier lundi de février et d'août de chaque année, dresser un état de leur capital, de leur passif et de leur actif et l'afficher dans les bureaux de la société.

Toute société peut augmenter son capital ou le diviser en actions d'une valeur plus grande que celle des actions émises.

Toute société peut changer de nom avec l'autorisation du gouvernement.

Toute société doit avoir un sceau.

Les contrats de toute société sont faits par acte sous sceau, si la loi le requiert pour les contrats entre particuliers.

Les actionnaires doivent être réunis en assemblée ordinaire une fois par année.

Les résolutions prises par les actionnaires sont des résolutions ordinaires, extraordinaires ou spéciales : ordinaires, lorsqu'il y a majorité en nombre ; spéciales, lorsque la majorité doit être des trois quarts des actionnaires présents et que la résolution doit être confirmée par une simple majorité à une seconde réunion qui sera tenue quinze jours au moins et un mois au plus après la première ; la résolution extraordinaire se compose de la première partie de la résolution spéciale.

Pour modifier les statuts, il faut une résolution spéciale dûment déposée.

Le scrutin peut être demandé par cinq actionnaires ; à défaut de cette demande, la déclaration du président suffit. De même pour voter la demande au tribunal de la liquidation d'une société.

Avant de passer à la liquidation, il convient de noter :

1° Que, pour émettre des actions pleinement libérées, un contrat écrit doit être passé entre la société et l'actionnaire et dûment déposé.

2° Que le contrat formé à l'origine entre la société et l'actionnaire peut être annulé par le tribunal, s'il y a dol.

La liquidation est volontaire ou judiciaire :

Volontaire : 1° Si l'événement ou l'époque fixée pour la cessation de l'existence de la société est arrivé. Alors il suffit d'une résolution ordinaire.

2° La société a voté une résolution spéciale *ad hoc*.

3° Si la société a voté une résolution extraordinaire portant que les membres sont convaincus de l'impossibilité de continuer les affaires, eu égard au passif, et de la nécessité de liquider la société.

La liquidation volontaire peut, si le tribunal le juge convenable, être continuée sous le contrôle du tribunal.

Judiciaire : 1° Lorsqu'une résolution spéciale a été votée.

2° Lorsque la société ne commence pas ses opérations pendant un an à partir de sa formation, on les suspend pendant le même délai.

3° Lorsque les membres se trouvent réduits à un nombre inférieur à sept.

4° Lorsque la société est insolvable.

5° Lorsque le tribunal pense qu'il est juste et équitable d'ordonner la liquidation.

La liquidation est effectuée par un liquidateur ou par un liquidateur « officiel », si un jugement a été prononcé.

Le jugement est publié dans les journaux ; le liquidateur officiel est nommé par le juge ; la liste des actionnaires responsables des dettes est rédigée sous son contrôle ; les créanciers sont priés, par annonces, de venir affirmer leurs créances, ces dernières sont réglées par le juge, le passif est réalisé et distribué parmi les ayants droit.

Les actionnaires responsables sont ceux dont les noms figurent au registre lors de la liquidation, et ceux ayant cessé d'être actionnaires dans le délai d'un an avant la liquidation.

La responsabilité de ces derniers est conditionnelle :

1° Elle est limitée aux dettes contractées pendant le temps où ils étaient actionnaires.

2° Elle existe seulement dans le cas où le tribunal juge que les membres existants ne peuvent satisfaire à leurs obligations.

Les créanciers, ayant un gage ou autre garantie, doivent l'évaluer et réclamer le surplus seulement.

Les natures de créances sont les mêmes que celles dont il est question dans la loi sur les faillites. Cette loi règle aussi le mode d'évaluation des créances non liquidées.

Par une loi de 1864, les sociétés, faisant des affaires à l'étranger, peuvent adopter un sceau spécial et nommer un mandataire pour l'apposer.

Par une loi de 1867, une société peut réduire son capital, mais il faut :

1° Une résolution spéciale.

2° L'autorisation du tribunal.

3° La signification d'une copie du jugement au bureau officiel.

D'après la loi de 1877, la réduction peut aussi s'opérer

en retranchant du capital nominal telle partie qui serait perdue ou représentée par un actif sans valeur, ou bien en remboursant un excédent de capital. Si les intérêts des tiers sont lésés, ils peuvent s'adresser au tribunal.

La loi de 1880 étend encore davantage la faculté de réduire le capital nominal.

Par la même loi de 1867, la responsabilité des administrateurs ou directeurs de sociétés anonymes « *limited* », coupables de malversations, est illimitée. Cette modification de la loi de 1862 ne s'applique pas :

1° A ceux qui ont cessé leurs fonctions pendant un an avant le jugement ordonnant la liquidation ; — alors, leur responsabilité ne s'étend qu'au montant non versé sur leurs actions.

2° Si le tribunal juge inutile d'exiger d'autre contribution au passif que celle d'un actionnaire ordinaire.

Par la loi de 1879, une société « illimitée » peut par une résolution spéciale, se convertir en société « limitée ». Par la même résolution, les actionnaires peuvent augmenter le capital nominal en ajoutant à la valeur nominale des actions, mais le nouveau capital ne doit être exigé des actionnaires qu'au cas où il serait requis pour les besoins de la liquidation.

Compétence de l'Équité résultant de la jurisprudence.

Depuis la loi de 1873, le tribunal de la chancellerie et le Banc de la Reine doivent appliquer les principes relatifs aux matières qui vont suivre :

1° *Compétence en matière d'accident ou d'erreur.*

Un testateur ou un donateur accorde souvent à autrui la faculté d'employer tel ou tel meuble ou immeuble au profit de tiers nommés dans l'acte ou indiqués de telle façon que l'intention ne puisse être obscure. En cas d'« accident », événement imprévu ne résultant pas de la négligence ni d'une manière d'agir blâmable du testateur ; — en cas d'erreur — fait involontaire ou omission résultant de l'ignorance ou d'une surprise, quelquefois du dol de l'autre partie, dans ces cas, l'Équité remédiera aux suites de l'accident ou de l'erreur. Mais il faut : 1° que l'accident porte sur une question de forme, telle que d'avoir exercé la faculté en question par testament au lieu d'acte sous sceau ; 2° que ceux au profit desquels la faculté devait être exercée, soient un acheteur, un créancier hypothécaire, un locataire aux termes d'un bail sous sceau, un créancier, la femme du disposant, ses enfants légitimes ou une œuvre de bienfaisance.

Ce mode de disposer équivaudrait à un fidéicommis, s'il était impératif.

Mais l'équité n'interviendra pas notamment dans le cas d'un contrat formel : Ex : un bailleur aux termes d'un bail sous sceau voit l'immeuble périr par le fait de Dieu : si le locataire n'a pas fait insérer de stipulation dans la prévision d'un cas semblable, il sera contraint de payer son loyer comme auparavant.

L'erreur porte sur un point de fait ou un point de droit ; l'erreur sur le point de droit n'est pas excusable.

Il existe cependant un cas où l'Équité déclarerait excusable une erreur sur le point de droit. Si le principe est purement élémentaire, universellement connu et d'une application si ordinaire que le tribunal doit présumer que son ignorance était accompagnée du dol de l'autre partie ; Ex : le fils aîné hérite des immeubles en cas de succession immobilière *ab intestat*.

A l'égard de l'erreur sur le point de fait, si ce dernier est de l'essence du contrat, l'Équité interviendra en principe, quelquefois conditionnellement, exigeant la preuve de ce que le fait n'ait pu parvenir à la connaissance du demandeur, même en usant des diligences nécessaires.

Même si le fait ne pouvait être connu du demandeur,

le tribunal n'interviendrait pas si équitablement ou d'après la loi stricte, le défendeur n'était pas tenu d'en informer le demandeur. Le défendeur en qui le demandeur a reposé confiance ne peut soulever cet argument.

La preuve testimoniale de l'accident est admissible, même s'il s'agit d'un contrat écrit, mais ce dernier doit être autre chose que ce qu'ont voulu les parties, et l'erreur doit être établie par des dépositions sérieuses résultant de la nature de l'affaire ou du restant de l'acte.

L'erreur à dû être mutuelle dans le cas d'un contrat de mariage.

L'erreur existant dans un testament sera rectifiée, mais elle doit résulter de l'interprétation de l'intention du testateur : ainsi par suite d'une erreur sur un point de fait, un testateur a révoqué un legs.

Le tribunal n'interviendra pas : 1º si le défendeur a un droit supérieur à celui du demandeur : Ex. le défendeur est un acheteur de bonne foi ayant payé son prix ; 2º si une une loi expresse doit être enfreinte.

2º *Le dol* (fraud). — L'Équité ne définit pas ce mot et ne cherche pas à établir tous les cas de dol ni tous les moyens de preuves. Elle établit quelques principes généraux, et divise le sujet : 1º en dol résultant de l'intention, 2º en dol résultant de la jurisprudence.

Les contrats ne sont pas nuls pour dol, ils sont annulables.

1º Spécialement les fausses déclarations faites à une partie contractante ou à un tiers par l'intermédiaire de cette partie, constitue le dol, si ces fausses déclarations portent sur un fait ayant été le motif pour lequel la partie lésée a contracté. Dans le cas de vente d'immeubles, il faut aussi que la partie lésée ait reposé confiance dans le défendeur à sa connaissance. Le remède est un dédommagement pécuniaire ou l'annulation du contrat.

Spécialement encore, le secret gardé sur un point essentiel, alors qu'on avait l'obligation de divulguer ce qu'on a

caché, motive l'intervention du tribunal. Il a été jugé :
1° qu'un vendeur cédant une propriété grevée de charges
qui ne divulgue pas leur existence à l'acheteur, lui doit
une compensation pécuniaire, quelquefois la restitution
de la totalité du prix, et des dommages-intérêts ; 2° qu' en
cas d'assurance, notamment d'assurance sur la vie, l'assureur n'est pas tenu de remplir ses obligations, si tous les
faits essentiels n'ont pas été divulgués par l'assuré. Ce dernier cas est une exception à la règle qu'en matière mobilière, le fait de garder le silence sur les défauts de l'objet
vendu, ne suffit pas pour entraîner une action ; qu'il faut
pouvoir alléguer une fausse déclaration, une garantie, ou
que le vendeur étant tenu de divulguer le défaut, l'a
tenu caché, (confiance reposée à la connaissance du vendeur) ; 3° que par interprétation de l'article 38 de la loi
de 1867, les actionnaires sont restituables contre les
fausses déclarations des fondateurs (« promoters »), et la
non-révélation de contrats intéressant le demandeur et
intervenus entre les fondateurs et un tiers.

Spécialement la seule insuffisance de l'équivalent
fourni par l'acquéreur ou par le vendeur peut dans les cas
extrêmes, motiver l'intervention du tribunal. S'il existe
des faits extrinsèques, exemple : le vendeur a empêché
l'acheteur de consulter des tiers désintéressés, l'annulation du contrat est presque certaine. Si les droits de tiers
doivent être affectés, l'annulation est beaucoup plus difficile à obtenir ; elle est ordinairement impraticable. Ex. :
on n'est pas restituable, après le commencement de la liquidation d'une société anonyme, du dol grâce auquel on
est devenu actionnaire.

Spécialement, l'annulation ou la nullité des contrats
peut résulter de considérations dérivées de la personne,
plus particulièrement que du dol du défendeur. Est annulable, un contrat passé avec une personne *non compos
mentis* à la connaissance du défendeur, contrat injuste,

désavantageux en soi ou intervenu sans l'existence de la plus absolue bonne foi de la part du défendeur ; est annulable un contrat passé avec une personne *compos mentis*, sous l'influence de la peur.

Sont nuls, les contrats de prêt d'argent passés avec les mineurs (loi de 1874).

Sont valables, en principe, tous contrats tournant au profit du mineur. Exemples : les contrats relatifs 1° à des choses nécessaires à la vie ; 2° aux services moyennant salaire.

2° En principe, le dol résulte de la jurisprudence lorsqu'il y a violation de l'ordre public, abus de relations confidentielles, dol présumé et affectant les droits ou obligations des parties ou des tiers.

Bien qu'il soit de principe que *in pari delicto potior est conditio possidentis ;* que, dès lors, l'équité n'intervienne pas dans les contrats illégaux ; toutefois, lorsqu'il s'agit de l'ordre public, le tribunal accordera son intervention.

L'abus de relations confidentielles est en lui-même un motif de l'intervention du tribunal. Ainsi, un tuteur qui traite avec un mineur récemment devenu majeur doit user de la plus absolue bonne foi et le mineur a dû agir avec la plus grande délibération ; sans cette bonne foi et cette délibération, le tribunal interviendra.

Un solicitor qui achète un bien à un client est dans la même situation.

Une donation faite à un solicitor par un client, pendant la durée de la relation confidentielle, est absolument nulle. Pauvre solicitor ! il n'a d'autre consolation que de penser que la chose étant si rare, c'est une jurisprudence inutile. Un fidéicommissaire qui achète un bien à un client est dans une situation semblable à celle du tuteur.

A l'égard du troisième chef, on pourrait citer énormément d'exemples. Les marins, ordinairement gens sans

ordre et très crédules, sont tout particulièrement favorisés. Il en est de même à l'égard de ceux qui doivent hériter d'un autre ; si l'acheteur ne peut démontrer qu'un prix
équitable lui a été payé et qu'en général le contrat est
raisonnable et fait de bonne foi, les conventions seront
réformées ou annulées. Le lecteur voit que l'article 1130
du Code civil n'est pas applicable en droit anglais.

Les legs et donations pour cause de mort.

Les legs sont d'un objet particulièrement désigné; d'un
objet déterminé quant à son espèce ; d'un objet déterminé
quant à son espèce et payable sur un bien exactement
précisé. Autrement dit, les legs sont : 1° « specific » ;
2° « general » ou 3₀ « demonstrative ».

Les legs de la deuxième espèce sont les premiers ré-
ductibles en cas d'insuffisance d'actif ; les legs de la première cessent d'exister, si le testateur a aliéné l'objet de
son vivant ; les legs de la troisième espèce sont très favo-
rables pour le légataire, vu que si le bien est aliéné du vivant du testateur ou n'existe plus lors de son décès, le
legs n'en est pas moins payable sur l'actif, et n'est réduc-
tible en cas d'insuffisance qu'après que le bien a été épuisé.

L'Équité est seule compétente pour connaître des procès
en paiement de legs ou de la distribution de l'actif succes-
soral, après paiement des dettes, charges et legs.

Le tribunal accordera des intérêts à 4 pour 0/0 sur les
legs d'immeubles, à partir du jour du décès du testateur.
Il fera de même à l'égard des legs appelés « specific ». A
l'égard des legs appelés « general », les intérêts ne sont
alloués qu'à partir d'un an du décès ; enfin quant aux legs
appelés « demonstrative », les intérêts partent du décès, si le bien reste intact ; autrement, ils partent de
l'année.

Le droit du légataire est de demander un compte à

l'exécuteur ou au tribunal ; de poursuivre l'exécuteur en paiement de son legs si cet exécuteur admet l'existence d'un actif suffisant. Spécialement, la propriété de l'objet laissé par voie d'un legs de la première espèce, legs admis par l'exécuteur, est transférée, sitôt cette admission faite, au légataire, lequel peut exercer immédiatement son action contre l'exécuteur.

L'exécuteur a un an à partir du décès pour payer les legs.

Nous avons vu que la loi de Georges II prohibe les legs d'immeubles en faveur de sociétés de bienfaisance. Donc les donations entre vifs sont valables, mais, dit la loi, elles doivent avoir lieu par un acte sous sceau passé en présence de deux témoins, un an au moins avant la mort du donateur, acte dûment déposé au greffe du tribunal. Au surplus, la donation sans cause d'un immeuble est nulle, si le donateur meurt dans l'année.

La loi a été très strictement interprétée par les juges et frappe non seulement les immeubles, mais par exemple les droits immobiliers : le legs d'un droit au bail serait nul.

Les enfants naturels pourront bien rarement prendre, si le legs est fait en faveur des enfants du testateur. L'identité de l'enfant naturel établie par le testament, ordinairement il n'y aurait pas de difficulté. Tout au plus pourrait-on dire qu'en cas d'absence de cette condition, le fait d'avoir acquis la réputation d'enfant du testateur, et de devoir lire le testament comme comprenant nécessairement ces enfants, ces derniers prendraient à cause de la réputation.

Les legs sont en principe inefficaces par suite de la mort du légataire du vivant du testateur. Cette règle est inapplicable en matière mobilière, si le légataire est un descendant du testateur et que le legs ne soit pas d'un usufruit ou d'un moindre droit. En effet, dans ce cas, les enfants du légataire, vivant lors de la mort du testateur, prendront comme si leur auteur était décédé immédiatement après le testateur.

Cette disposition de la loi n'empêche pas le légataire de disposer par testament du bien dont il s'agit.

La donation pour cause de mort est absolue seulement dans le cas de la mort du donateur, et est révocable pendant sa vie. Donc si la santé du donateur se rétablit, s'il reprend possession de l'objet donné, la donation tombe. La livraison est indispensable, elle s'entend de l'objet ou du moyen d'obtenir possession de l'objet et doit être accompagnée de l'intention de rendre le donataire propriétaire.

Contrairement à la donation entre vifs, la donation pour cause de mort est faite sujette au passif du donataire.

La conversion. — La conversion opérée par testament n'a lieu qu'au décès du testateur, parce que le testament n'existe qu'à cette datte.

Cette question est surtout importante au point de vue des droits de l'héritier et de ceux de l'exécuteur. L'effet de la conversion étant que les meubles deviennent immeubles et que les immeubles deviennent meubles, il s'ensuit que l'argent, devant être affecté à l'achat d'immeubles, appartient à l'héritier et que la terre devant être convertie en argent appartient à l'exécuteur.

Quant à l' *élection* entre deux droits lorsque le donataire ne peut prétendre qu'à un seul, les cas les plus ordinaires sont : 1° celui du créancier, légataire d'après le testament de son débiteur, si le débiteur a montré l'intention de substituer le bien légué à la créance, il faut que le créancier déclare son option ou son « election » ; 2° celui où le testateur ou donateur donne un bien appartenant à un tiers, et à celui-ci un bien appartenant au testateur ou donateur : le tiers doit décla-

rer s'il accepte, ou rejette le testament. S'il le rejette,
le tribunal statuera comme il suit : étant donné un testateur X qui donne à Y un immeuble appartenant à Z
et valant 100,000 francs, et à Z une somme d'argent
de 150,000 francs, Z ne veut pas du testament, le tribunal
allouera à Z en plus de son immeuble 50,000 francs
en argent et à Y 100,000 francs aux lieu et place de l'immeuble de même valeur dont Z ne veut pas se dessaisir.

L' « election » peut être expresse ou résulter des faits.

A l'égard de l' « election » par les incapables : 1° La
femme mariée peut exercer son droit aussi librement que
si elle n'était pas mariée. Une loi de 1834 lui permet, par
un acte sous sceau passé avec le concours de son mari et
reconnu par elle devant un juge, de faire ce qu'elle veut
de ses immeubles.

La femme mariée exercera donc son droit au moyen de
l'acte en question. A l'égard des biens meubles, les auteurs
semblent unanimes pour dire que ce droit ne peut être
exercé que devant le tribunal saisi d'une action intentée
par un intéressé, et après qu'il aura été fait une enquête
ordonnée par le juge sur le point de savoir lequel des deux
droits est le plus avantageux pour la femme. 2° Le mineur
ne pouvant déclarer son option, la période de l'exercice
de son droit est renvoyée à une époque postérieure à sa
majorité, ou bien une enquête est ordonnée.

3° Les aliénés ne pouvant non plus déclarer leur option
l'enquête est ordonnée.

*Les faits pouvant être considérés comme équivalant à
l'exécution d'une obligation prise antérieurement (perfor-
nance)* soulèvent des questions se rapportant ordinairement aux contrats de mariage, et aux droits du mari, de la
femme ou de tiers. Il y a des cas où le mari convient
d'affecter une certaine somme à l'achat d'immeubles ;
lors de l'achat, spécialement lors de l'acquisition partielle,
il n'est pas dit que l'achat est effectué pour remplir cette

obligation contenue au contrat de mariage. L'Équité supposera que telle a été l'intention et traitera ce fait comme équivalant à l'accomplissement de ladite obligation. Le mari stipule par acte en due forme qu'il laissera à sa femme une certaine somme ; il meurt sans avoir fait de testament, la veuve acquiert une portion des meubles de son mari en vertu de la loi de Charles II. Cette portion, la veuve devra-t-elle l'accepter aux lieu et place de la somme convenue, ou la veuve pourra-t-elle exiger la portion et la somme convenue? Les droits de la veuve seront limités à la portion, si le mari vient à mourir à une époque antérieur à celle où la stipulation devait prendre son effet, ou à la même époque ; au contraire, la veuve prendra en vertu de la loi et de la stipulation, si la mort du mari arrive après le temps fixé pour l'accomplissement de la stipulation.

A l'égard des modes d'exécution indirecte des obligations « satisfaction », l'Équité considère l'obligation primitive comme n'étant jamais exécutée, mais qu'une autre obligation y est substituée.

Ainsi si deux legs d'une même somme sont faits à la même personne dans le même testament, cette personne ne pourra prendre que l'une des deux sommes. Ainsi encore si les deux legs sont donnés par deux testaments, mais que le testateur exprime le même motif, l'un des deux legs seulement sera valable. Ainsi encore, si un legs est fait par un père à son enfant sans exprimer le but et si plus tard le père, par un acte en due forme, avance de l'argent à cet enfant lors de son mariage, l'avance est une « satisfaction » *pro tanto* du legs. Mais la preuve testimoniale de l'intention contraire du père, intention non exprimée dans l'acte et n'ayant rien de contraire à la loi ou à la jurisprudence, serait admise. Cette forme de « satisfaction », poussée très loin par la jurisprudence, n'est applicable, en principe que de père à fils, ou lorsque le testateur est *in loco parentis* à l'égard de l'enfant.

Les comptes ne sont pas établis par un expert mais par une sorte de juge secondaire délégué. Presque tous les juges du tribunal de la Chancellerie ont trois juges délégués attachés à leur tribunal. Les pouvoirs de ces derniers sont précisément délimités (procédure de 1883). Il y a appel au juge de toutes les décisions prises par les juges secondaires.

L'Équité établira les comptes suivants, mais son pouvoir est discrétionnaire : 1° les comptes de liquidations de succession ; 2° les comptes entre un breveté et celui qui contrevient aux termes du brevet ; 3° les comptes entre un fidéicommissaire et les intéressés ; 4° les comptes mutuels entre les parties ; 5° les comptes d'une nature très compliquée ; 6° les comptes entre créanciers et débiteurs hypothécaires.

L'Équité ne considère pas toujours le simple fait de l'établissement des comptes entre les parties comme devant mettre fin à son intervention. S'il y a eu erreur, omission « accident » ou dol, l'équité ordonnera suivant les cas, le redressement partiel ou entier des comptes. Le laps de temps peut être un moyen de défense, mais les fidéicommissaires, contre lesquels la mauvaise foi est alléguée, peuvent difficilement se prévaloir du laps de temps.

A l'égard des peines et des dommages-intérêts fixés en cas d'inexécution des obligations, l'équité regarde l'intention et non les mots employés. Au surplus, elle envisage la peine comme étant un accessoire de l'obligation contractée. Le non-accomplissement de cette obligation, peut-il être compensé par des dommages-intérêts ? Dans le cas de l'affirmative, l'Équité accordera seulement des dommages suffisants pour réparer le préjudice causé. L'Équité préfère à la peine les dommages-intérêts.

Les jugements enjoignant à la partie de faire ou de ne pas faire (« injunctions »).

La loi de 1873 donne aux juges de la Haute Cour les

pouvoirs les plus étendus pour prononcer les jugements de cette nature, mais comme l'origine de ce remède est due aux chanceliers et que l'ancienne jurisprudence accordait le pouvoir de rendre ces jugements presque exclusivement à l'Équité, laquelle agissait dans les premiers temps toujours *in personam*, on s'adresse le plus ordinairement au tribunal de la Chancellerie pour obtenir de semblables jugements.

La demande peut résulter d'un contrat ou d'un « tort », d'un contrat s'il est de ne pas faire, d'un « tort », s'il doit être commis par le défendeur au préjudice du droit du demandeur, car *ubi jus, ibi remedium*.

Il serait impraticable de classer tous les cas d'intervention du tribunal pour empêcher le défendeur de commettre un « tort », c'est-à-dire, de violer un droit appartenant au demandeur en dehors de tout contrat entre les parties en cause. Mais on peut dire que, dans les cas suivants, le tribunal interviendra.

1° En cas d'actes appelés « nuisances » commis au préjudice du public. Le gouvernement formera la demande ou sera partie en cause, si le préjudice atteint spécialement un particulier. Exemple: On ferme un chemin public à la circulation.

2° En cas d'actes du même genre commis au préjudice d'un particulier. L'Équité interviendra si les dommages-intérêts ne suffisent pas pour remédier à l'état de choses allégué par le demandeur, particulièrement si le préjudice doit être reproduit. *Cui bono* les dommages-intérêts si défendeur persiste à rendre un cours d'eau malsain au préjudice du demandeur, propriétaire riverain ?

3° En cas de dégradations par un usufruitier. Ce dernier, d'après l'acte, peut être attaquable ou inattaquable pour cause de dégradations qu'il pourra commettre au préjudice du fonds sujet à l'usufruit. S'il n'est pas attaquable, l'usufruitier peut abattre des arbres, ouvrir des mines et jouir des revenus. L'Équité interviendra malgré l'acte pour empêcher les dégradations trop nuisibles, spécialement la destruction de la maison principale d'habitation, ou pour empêcher l'usufruitier d'abattre des arbres servant d'ornement ou d'abri à cette maison.

4° En cas d'actes commis au préjudice d'un breveté, d'un auteur ou d'un marchand ayant une marque de fabrique. En principe, le propriétaire du droit doit être demandeur, ainsi un agent pour vendre ne pourrait intenter l'action.

Le cas du brevet peut entraîner le jugement de deux questions distinctes : 1° la validité du brevet ; il peut avoir été pris très nouvellement ou n'avoir pas été exploité par le demandeur. Si le défendeur conteste cette validité, la première question sera : le brevet est-il valable ? Question qui sera jugée par un juré ou par un tribunal. Depuis la loi de 1873, le tribunal de la Chancellerie peut réunir un juré lorsqu'il est requis pour statuer sur des questions de fait ; 2° le bien fondé de la demande, laquelle peut être jugée sommairement comme l'est tout incident à une demande principale, ou renvoyée à l'audience définitive. La demande sera jugée sommairement et l' « injunction » accordée, s'il n'y a pas de contestation sur le fond. S'il y a d'autres questions à résoudre, le jugement sur l'incident sera renvoyé purement et simplement comme nous l'avons dit, le défendeur étant astreint à tenir un compte en attendant l'audience définitive, ou bien un jugement provisoire sera rendu dans les termes de la demande, le demandeur s'engageant à payer au défendeur les dommages-intérêts de droit, au cas où la demande serait plus tard reconnue mal fondée par le tribunal.

L'auteur doit établir son droit et l'infraction commise. La question principale sera, selon les cas, l'existence du droit ou l'existence de l'infraction. Il y a infraction, s'il y a imitation servile jugée infraction.

Le marchand n'a qu'à établir le fait de l'usage de sa marque de fabrique, ou le fait du dol par lequel le public croit acheter le produit du demandeur, alors qu'il achète un produit contrefait.

Le tribunal a pleins pouvoirs, en accordant son jugement, de l'étendre aux dommages-intérêts de droit ou aux bénéfices faits par le défendeur au mépris du droit du demandeur (loi de 1873).

Les biens des femmes mariées

J'ai traité cette question assez longuement en discutant la loi de 1882. Cette loi ne s'appliquant pas aux biens lorsque la célébration du mariage et l'acquisition desdits biens, remontent à une période antérieure au 1er janvier 1883, il sera désirable de parler de l'ancienne jurisprudence de l'Équité. Il est certain que d'après cette jurisprudence, les donateurs ou testateurs pouvaient toujours stipuler que le bien donné formerait un propre de la femme ; que les futurs époux pouvaient stipuler la même chose ; que les bénéfices d'un commerce exercé séparément par la femme, formaient partie de ses propres.

Les droits de la femme étaient, d'après la même jurisprudence, à peu près semblables à ceux de l'homme. Mais ces droits pouvaient être restreints aux droits de l'usufruitier pendant le mariage. Alors la femme n'avait pas la faculté de disposer pendant le mariage. Cette clause était extrêmement fréquente. D'après la loi de 1881, le tribunal pourra intervenir, s'il juge son intervention avantageuse pour la femme.

En matière de meubles, si la femme n'avait fait aucune disposition de ses propres, ceux-ci revenaient et reviennent toujours à son mari, après la liquidation du passif. Au sujet de ce passif, la femme usait librement du pouvoir accordé par la jurisprudence de contracter des dettes payables sur ses propres, savoir : ses meubles et les revenus de ses immeubles. On poursuivait le mari et la femme, le premier pour la forme seulement.

Quant aux objets donnés par un tiers ou par le mari à sa femme pour son usage personnel, et variant suivant la situation sociale des époux, la femme ne pouvait et ne peut disposer de ces objets pendant le mariage. Le mari le peut.

Les biens et la personne des aliénés

Le lord-chancelier, représentant le souverain, était autrefois seul compétent pour statuer sur les questions concernant la personne et l'administration des biens des aliénés. Par une loi de 1853, confirmée par celle de 1873, les conseillers de la Cour d'appel ont été revêtus des mêmes pouvoirs. Sur la demande d'une partie intéressée, une enquête est ordonnée devant l'un des juges secondaires créés *ad hoc* pour décider si la personne est *compos mentis* ou *non compos mentis*. Ce juge statuera sans un juré à moins que la personne aliénée ne demande un juré. Si le juge statue pour l'affirmative, la Cour nomme un curateur pour s'occuper de la personne et des biens de l'aliéné. Ce curateur a besoin pour agir en tout état de cause, de l'autorisation de la Cour. La Cour consultera toujours l'intérêt de l'aliéné avant tout.

D'après la loi de 1853, les rapports du curateur touchant l'administration des biens de l'aliéné, doivent être faits soit à la Cour, soit aux juges secondaires.

Il a été jugé qu'après la décision du juge spécial, la compétence de tout autre tribunal que le tribunal *ad hoc* cesse d'exister.

L'appel n'est pas porté devant la Chambre des lords, mais devant le conseil privé du souverain.

Principes de droit applicables aux affaires sur lesquelles statue le tribunal du probate et des divorces.

Je ne traite pas ici le droit maritime, désirant y consacrer un chapitre spécial.

Le tribunal formant, avec celui « de l'Admiralty » pour les affaires maritimes, une division de la Haute Cour, depuis la loi de 1873, fut avant la promulgation de deux loi de 1857, un tribunal ecclésiastique. Ces dernières lois en firent un tribunal civil.

1° *Du Probate.*

La question de la compétence du tribunal, celle de l'authenticité et de la validité des testaments, celle du mode d'obtenir le droit de liquider la succession soit quand il y a opposition, soit quand il n'y en a pas ; celle de la révocation par le tribunal du droit de liquider la succession, celle de savoir, d'après qu'elle loi l'actif doit être distribué voilà des questions ayant un réel intérêt non seulement pour mes compatriotes, mais aussi pour les Français même résidant en France.

Il ne serait peut-être pas inexact de dire que les trois quarts des successions anglaises sont testamentaires. Les seuls testaments dont l'authenticité peut être établie sont ceux relatifs à des biens meubles situés en Angleterre ou à des meubles et immeubles à la fois, ou aux biens situés à l'étranger de testateurs domiciliés en Angleterre. Le domicile s'entend du « home » permanent. Mais la succession peut être *ab intestat.* Alors il ne se présentera que deux questions : 1° Celle de savoir si le liquidateur a le droit de se présenter à ce titre, 2° Celle de savoir s'il y a des biens meubles en Angleterre, car s'il n'y en a pas le tribunal est incompétent.

Étant données les bases de la compétence du tribunal, il convient d'ajouter qu'il n'existe qu'un tribunal siégeant toujours à Londres, que le greffe principal est à Londres, mais qu'il y a dans les principales villes de province un greffe chargé de reconnaître, lorsqu'il n'y a pas de contestation, l'authenticité des testaments de ceux qui sont décédés dans le ressort du greffe.

Prenons d'abord la question de l'authenticité des testaments.

Le testament anglais peut être écrit par n'importe qui ; il suffit qu'il soit signé à la fin de la main du testateur et de deux témoins présents l'un et l'autre lors de la signature par le testateur et devant appposer leur signature en présence de ce dernier.

Le testament des marins et des militaires fait pendant qu'ils sont engagés au service de leur pays, sont l'objet de prescriptions particulières.

Le testament présenté au greffe peut avoir été fait par un sujet britannique en Angleterre ou ailleurs, ou par un étranger en Angleterre ou ailleurs.

L'Anglais faisant son testament en Angleterre, ne peut faire que celui dont nous avons parlé.

L'Anglais faisant son testament à l'étranger peut suivre la *lex loci ;* ou la loi du pays de son domicile d'origine.

L'étranger, faisant son testament en Angleterre, peut être mort domicilié ou non dans ce pays. S'il est mort en Angleterre, mais sans être mort domicilié, je suis d'avis que l'étranger peut toujours adopter la forme anglaise, mais devrait régulièrement adopter la forme étrangère.

S'il est mort domicilié en Angleterre, il est indubitable que son testament fait dans la forme anglaise vaudra quant à la forme ; mais je ne pense pas qu'il en serait de même, si le testament était fait en la forme étrangère. Enfin si l'étranger est mort domicilié à l'étranger, c'est la forme étrangère qui sera seule valable en Angleterre. Lorsque la forme étrangère peut ou doit être celle d'un pays étranger, le testament, avant d'être présenté au tribunal anglais, devra être régulier, ou établi d'abord suivant les lois de ce pays étranger.

Le testament valable dans la forme et accompagné de déclarations de l'exécuteur sous serment, portant qu'il gérera fidèlement les biens du défunt et constatant leur montant pour le fisc, sera suivi d'un certificat sur parchemin du greffier, appelé Probate, certificat établissant le droit de gestion de l'exécuteur. Ce certificat vaut constatation définitive de l'authenticité, mais non de la validité du testament, validité pouvant toujours être contestée devant le tribunal même.

Mais le greffier n'a aucun pouvoir si l'un des intéressés demande l'établissement de l'authenticité du testament devant le tribunal. Cette demande doit être faite avant que le Probate ne soit délivré par le greffe. On s'oppose au Probate par ce que l'on appelle en Angleterre un « caveat » autrement dit un : « qu'il prenne garde. » Un tribunal et un juré sont saisis de l'affaire par celui qui désire voir établir le testament. Les témoins font leur déposition à l'audience, le juré prononce son verdict, et le tribunal rend son jugement. Si le jugement est favorable au demandeur, le Probate est accordé par le greffier.

La validité du testament est une question beaucoup plus grave. Les mineurs et les aliénés ne peuvent faire de testament. Les sourds-muets dont les signes ne montrent aucun doute sur leur intention, les aveugles lorsqu'on leur a lu le testament avant la signature, ou lorsqu'il est prouvé que, lors du testament, ils avaient pris connaissance de son contenu ; enfin ceux dont l'état d'ivresse a cessé, ont pu tester et tester valablement.

Ces cas exceptionnels posés, tout le monde y compris la femme mariée, depuis la loi de 1882, peut tester quant à l'universalité des biens.

L'un des trois faits motive l'annulation des testaments comme de tous les autres actes : 1° le fait de la contrainte matérielle ou morale grâce à l'exercice de laquelle le testament a été fait. La contrainte morale doit être autre chose que l'influence exercée naturellement par les parents du testateur resté libre et ayant compris ce qu'il faisait ; 2° le fait de la peur sans l'existence de laquelle le testament n'aurait pas été signé ; 3° le fait du dol qui a présidé à la confection de l'acte.

Le greffe n'a aucun pouvoir de statuer sur la validité du testament. Le tribunal peut seul en décider.

Le testament peut être attaqué par suite du fait du testateur — je parle de la révocation. — Le mariage, la confection d'un nouveau testament, la destruction de l'ancien, sont des causes de révocation. A l'égard de la destruction de l'ancien testament, si le testateur l'a détruit dans l'intention d'en faire un nouveau qu'il n'a jamais signé, l'ancien testament demeure bon et valable.

Le testament n'étant attaqué ni au point de vue de la forme ni au point de vue du fond, ou ayant été validé par le tribunal, il s'agit de nommer l'exécuteur testamentaire. L'exécuteur peut être nommé en raison des indications du testateur ou en raison des termes du testament. Ainsi, le testateur charge X... de recueillir ses biens et de distribuer l'actif parmi ses ayants droit. L'exécuteur peut renoncer à la nomination : sa renonciation doit être signifiée par acte au greffe avant toute immixtion.

S'il y a plusieurs exécuteurs nommés dans le testament les droits de ceux qui se tiennent à l'écart sont réservés.

A l'égard de la loi régissant la liquidation de la succession, la règle est que les meubles suivent la personne et que leur liquidation doit se faire suivant la loi du domicile du testateur lors de son décès. Donc si un Français, ayant acquis un domicile en Angleterre y fait un testament portant sur des meubles en Angleterre, testament contraire à la loi française, tant pis pour les intérêts français ; de même s'il y meurt sans avoir fait de testament et laissant des meubles en Angleterre, la loi anglaise en réglera la dévolution. Donc s'il y a des biens en Angleterre, mais que le domicile du testateur ait été à l'étranger, le tribunal anglais appliquera la loi du pays étranger. Spécialement le tribunal accordera la liquidation à un exécuteur testamentaire nommé dans un testament français, si l'année n'a pas expiré. Nous nous trompons en supposant que nous suivons la loi du domicile, dans l'espèce la loi française, en agissant de la sorte. Nous violons cette loi, laquelle ne reconnaît que les héritiers du défunt, l'exécuteur étant nommé seulement pour veiller à l'exécution du testament par les héritiers.

Il peut se faire que le testament ne contienne pas la nomination d'un exécuteur. Le tribunal nomme alors un liquidateur, « avec le testament annexé » à celui possédant le plus grand intérêt. Si le testament n'indique pas un tel intéressé, on doit recourir à la loi de Charles II.

L'exécuteur n'est pas tenu de fournir caution. Le liquidateur *cum testamento annexo* est tenu de remplir cette obligation, jusqu'à concurrence du double de l'actif.

En l'absence d'un testament le tribunal nommera un liquidateur sur la demande d'un intéressé, intéressé pouvant être un créancier, mais ledit créancier a dû sommer tous les intéressés parents d'intervenir. Ces intéressés ne faisant rien pour demander la liquidation, le créancier peut la demander et l'obtenir. La même obligation de fournir caution existe pour le liquidateur.

La liquidation, en l'absence d'un testament, est accordée 1° au mari ou à la femme, 2° aux enfants et descendants, 3° au père, 4° à la mère, 5° aux frères et sœurs, 6° aux aïeuls, 7° aux neveux et nièces, oncles et tantes.

Les pouvoirs du liquidateur ne sont pas transmissibles par testament comme le sont ceux d'un exécuteur.

La durée des pouvoirs est, d'ordinaire, pour la vie de l'exécuteur ou du liquidateur.

Les biens soumis à ces pouvoirs sont ordinairement tous les biens meubles.

La durée des pouvoirs peut être limitée au temps où le testament introuvable sera trouvé.

Les pouvoirs peuvent être limités à certains biens sur la demande d'un intéressé établissant que l'exécuteur ou le liquidateur, à l'expiration d'un an à partir [de la mort du testateur, demeure hors du Royaume.

Le temps peut être limité encore dans le cas où soit un aliéné, soit un mineur est nommé exécuteur testamentaire.

Enfin, les pouvoirs peuvent être bornés à certains biens, lorsque partie seulement de l'actif a été liquidée par l'exécuteur décédé *ab intestat ;* alors un liquidateur *de bonis non administratis* peut être nommé.

La révocation du Probate ou des « letters of administration » nom du certificat délivré en l'absence d'un testament, est ordonnée si le certificat a été obtenu par dol.

2o Du divorce et de la séparation de corps.

De sérieuses questions pour les Français même résidant en France, se présentent au sujet du divorce et de la séparation de corps. Ces questions ont trait aux bases de compétence du tribunal.

Quelle est la grande base de compétence de ce tribunal prononçant, par année, un nombre fort considérable de jugements déclarant les mariages nuls, les dissolvant par le divorce, ou ordonnant la séparation de corps et de biens, et certaines mesures accessoires ?

Cette base, c'est le domicile dont il y a trois espèces : 1° le domicile d'origine ; 2° le domicile acquis par le libre choix, domicile supposant la résidence et l' *animus manendi ;* 3o le domicile acquis en vertu de la loi.

On peut toujours mettre fin au domicile acquis par le libre choix, en l'abandonnant. Mais si le domicile des époux est situé en Angleterre, quelle que soit la loi de leur pays d'origine, ces époux quant au divorce, quant à la séparation, quant à la nullité du mariage, quant aux mesures accessoires, sont justiciables du tribunal anglais qui leur appliquera la loi anglaise. La nullité dépendant souvent de questions de forme, telle que le mode de célébration du mariage ou de questions de parenté, il est difficile de voir comment le tribunal peut en pareil cas, appliquer la loi anglaise. Celui qui introduisit dans le droit anglais une prescription semblable, fut malheureusement ignorant des principes les plus élémentaires du droit. X Chinois, marié en Chine d'après les lois du pays, vient s'établir en Angleterre et y acquiert un domicile ; nous sommes donc en présence de deux Chinois dont l'un, par exemple la femme, demande au tribunal anglais le divorce ou la séparation ; la loi chinoise, je suppose, ne permet ni le divorce ni la séparation, ou ne les permet pas dans les circonstances relatées dans les conclusions : et nous séparons les parties, nous les divorçons ! Où est l'ordre public pour contraindre ce Chinois à subir une loi étrangère ? est-il moins Chinois, moins soumis à la loi personnelle chinoise parce qu'il a son domicile à Londres ? faut-il répondre oui ? je dis qu'il faut répondre : non ! le domicile n'est rien, la naturalisation, c'est-à-dire la volonté de l'étranger, peut seule le soumettre à la loi personnelle anglaise. Hors de là, il n'y a que lois illibérales et la pire des tyrannies !

Les autres bases de compétence sont le lieu de la célébration du mariage et le lieu du délit. Le mariage étant célébré en Angleterre, il paraît que si l'un des époux a son domicile en Angleterre, le tribunal anglais est compétent. De même si le *delictum* a lieu en Angleterre. Je ne vois pas pourquoi on emploie le mot *delictum* ou *locus delicti*, car l'adultère n'est pas punissable par la juridiction extraordinaire.

M'étant exprimé clairement et sans détours au sujet des bases de compétence du tribunal, je dois énumérer les griefs motivant : 1° le divorce, 2° la séparation, 3° la nullité, griefs établis à l'audience par les dépositions des témoins appelés par les parties.

1° L'adultère suffit si le mari est demandeur. Autrement, l'adultère doit être accompagné d'inceste, de bigamie, de viol, de sévices, d'abandon sans excuse légitime pendant deux ans au moins.

Moyens de défense : 1° Tous les faits sont faux ; 2° l'adultère est la faute du demandeur qui l'a encouragé sciemment ; 3° les parties se sont entendues pour former la demande ; 4° le pardon.

La preuve de l'un de ces moyens entraîne la perte du procès. Il n'en est pas de même des moyens suivants : 1° l'adultère du demandeur, 2° le retard apporté à former la demande ; 3° les sévices commis par le demandeur, la preuve de la crainte « raisonnable » suffit ; 4° l'abandon sans excuse légitime avant l'adultère ; 5° une conduite ayant amené l'adultère.

Le jugement prononcé est provisoire et n'est rendu définitif que sur la demande formée par la partie innocente, à l'expiration de trois mois du premier jugement, le tribunal peut abréger le délai dans des cas exceptionnels.

La couronne peut intervenir après le prononcé du jugement provisoire dans tous les cas où ce jugement aurait été obtenu par dol.

Le nouveau mariage n'est possible qu'après le jugement définitif.

L'appel est jugé par la Cour d'appel, il doit être formé dans le délai d'un mois. Le délai pour l'appel d'un jugement prononçant la nullité est le même.

2° L'adultère, les sévices ou l'abandon, pendant au moins deux ans, suffit. La séparation de corps entraîne la séparation de biens. Si le défendeur a été absent ou n'a pas comparu, et s'il peut établir que le jugement a été prononcé à tort, le tribunal reviendra sur sa décision.

Les sévices entraînent la séparation devant les tribunaux de simple police : appel est formé devant le tribunal des divorces (loi de 1878).

Les mesures accessoires sont :

1° La restitution de droits conjugaux.

2° La modification apportée au contrat de mariage.

3° La demande d'une pension par la femme.

4° La garde des enfants ;

5° Les dommages-intérêts contre le « correspondent. »

1° La demande est basée sur le fait de la vie de l'un des époux hors du domicile conjugal. Celui des époux qui s'est rendu coupable d'adultère ne peut former une semblable demande. Lorsque la femme s'est engagée par un acte sous sceau à ne pas former cette demande, elle en sera déboutée. Le tribunal fixera un délai dans lequel le défendeur devra se conformer au jugement ; si le défendeur refuse d'y obéir, il pourra être condamné à une peine pour avoir méprisé le jugement.

2° Le tribunal peut, en cas de divorce ou de séparation prononcée contre la femme ayant des biens propres, ordonner qu'un contrat de mariage soit prépar éda ns les termes paraissant équitables aux yeux du juge.

Le tribunal peut modifier, en cas de divorce ou de nullité, les clauses d'un contrat de mariage existant, et ordonner que la totalité ou une partie des biens soit remise à un fidéicommissaire, dans l'intérêt des enfants nés du mariage ou de leurs parents respéctifs. S'il n'y a pas d'enfants, le tribunal a les mêmes pouvoirs (loi de 1878). Lesdits pouvoirs sont discrétionnaires.

3° Cette demande est faite par la femme pendant le cours du procès ou après le prononcé du jugement ; au second cas il s'agit en réalité d'une demande en allocation d'une rente viagère. Cette rente ne sera pas accordée à la femme coupable d'adultère : elle cessera le jour où la femme se remariera ou deviendra coupable d'adultère. S'il n'est pas établi que les revenus du mari aient augmenté, la pension définitive sera celle que le tribunal a pu accorder *pendente lite*. La somme accordée pourra être augmentée ou diminuée sur la demande de la femme ou sur celle du mari.

Le tribunal de simple police pourra accorder une pension à la femme lorsqu'il prononce une simple séparation.

4° La garde des enfants sera confiée à la personne que le tribunal jugera convenable d'indiquer. Les tiers peuvent intervenir pour demander que la garde et l'entretien des enfants leur seraient confiés.

Le jugement peut être provisoire ou définitif. Par le jugement définitif intervenu après le divorce, la séparation et la nullité, le tribunal pourra prendre telles mesures qu'il juge utiles jusqu'à ce que les enfants atteignent leur seizième année, ou décider que le tribunal de la Chancellerie sera chargé de faire le nécessaire dans l'intérêt des enfants.

Le tribunal de simple police pourra, en prononçant la séparation, ordonner les mesures relatives à la garde et à l'entretien des enfants, et ce, jusqu'à ce qu'ils atteignent leur dixième année.

Le mari demandant le divorce ou la séparation, pourra comprendre dans le procès le tiers avec lequel la femme a commis l'adultère, base de la demande.

La valeur de la femme est dûment estimée par le juré, et le tiers (corespondent) est condamné à payer cette valeur : la somme sera affectée à l'usage prescrit par le juge. Il ne paraît pas que les brunes soient estimées plus cher que les blondes, mais je ne puis fournir au lecteur aucun éclaircissement à ce sujet. Le tiers pourra plaider : 1° que le mariage est nul, 2° que le demandeur a encou-

ragé la femme à se mal conduire, 3° qu'il ignorait que la
femme fût mariée.

Droit ecclésiastique

Ce droit concerne l'église anglicane seulement et fixe
les droits et obligations des prêtres et des laïques, membres de l'église ainsi que les offenses en matière religieuse
et leur punition.

La grande source de ce droit, de nos jours, est la loi expresse. Les autres sources sont : la loi romaine, la loi
canonique, le droit commun.

Après la loi expresse, le droit commun gouverne en
cette matière, car il a été expressément prescrit par une
loi d'Henri VIII que telle partie seulement de la loi cano-
mique, n'étant pas contraire à la « loi du Royaume » ou
à la prérogative du roi, continuerait à lier l'Église et les
laïques. Spécialement, la loi écrite ordonne que le clergé
soit soumis à la loi générale, que le livre de prières, dont
il est question dans une loi de 1662, soit le seul usité dans
les églises, que les articles de foi au nombre de 39 dont
il est question dans une loi d'Élisabeth, soient souscrits
par tout membre du clergé lors de son introduction dans
le sein de l'église. La loi expresse règle également les
questions de discipline interne et les peines à édicter en
cas de désobéissance à la loi (loi de 1874), ainsi que les
peines en cas d'inconduite d'un membre du clergé (loi
de 1840). Étant donné deux provinces ecclésiastiques,
celle de Cantorbéry, et celle d'York, la loi expresse a
nommé le juge du tribunal principal siégeant à Londres,
tribunal servant aussi de cour d'appel des juridictions inférieures, telles que les tribunaux des évêques et autres
qui jugent les matières s'élevant dans leurs diocèses. La
loi expresse a prescrit que la Cour suprême, en matière
ecclésiastique, est le conseil privé du souverain.

La déclaration et le serment en usage lors de l'introduction du prêtre dans le sein de l'église, le droit appartenant au prêtre d'affermer la terre, accessoire de l'église particulière, les réparations à faire à l'église par le prêtre, les cas très exceptionnels où le prêtre a le droit de se livrer à des actes de commerce, les mesures à prendre par un prêtre pour sortir du sein de l'église, les droits et les obligations des doyens de l'église, la commutation de la dîme en un loyer grevant la terre et ses revenus, tous ces points accessoires et [beaucoup d'autres sont également régis par la loi expresse.

Le nombre et la hiérarchie des dignitaires de l'église, les actes de leurs fonctions, le droit de présentation appelé « advowson » en cas de cure vacante, la nature et en général l'étendue du droit du prêtre sur les terres appartenant à sa cure, les diverses natures de dîmes, les offrandes, les actes et les délais de la procédure, autres que ceux résultant des lois de 1840 et de 1874, en cas d'instance pendant devant un juge ecclésiastique, tout cela est régi soit par la loi canonique, soit par le droit commun.

J'étudierai les sujets suivants ;

1° Les « advowsons. »

2° Les droits du prêtre sur la terre appartenant à son église et la responsabilité du prêtre quant aux réparations.

3° La dîme.

4° Le moyen de contraindre les prêtres à payer le montant du jugement rendu contre eux.

1° Le droit perpétuel de présenter un prêtre à une cure vacante, s'appelle « advowson ». Voici à peu près l'historique. La coutume accordait ce droit aux propriétaires de manoirs. Les propriétaires déléguaient leur droit à l'église. L'église s'appropriait tous les produits des terres et de la dîme, puis confiait la garde des âmes à un religieux pauvre (vicarius ou « vicar » en anglais), à seule fin que le soin des choses de ce monde ne vînt pas troubler le

prêtre dans l'exercice de ses saintes fonctions. Les «advowsons » dont les produits étaient ainsi appropriés s'appelaient « advowsons of vicarages. » Ceux dont les produits
restaient au prêtre s'appelaient « advowsons of rectories » et
le prêtre en ce cas était désigné sous le nom de « rector. »

Par deux lois passées sous Henri VIII, la couronne prit
la place de l'Église et à son tour céda souvent son droit à
des particuliers.

Il s'ensuit que le droit perpétuel de présenter un prêtre
à une cure vacante, appartient : 1° à un propriétaire ; 2° à
la Couronne ; 3° à un particulier, cessionnaire de la Couronne. La couronne exerce son droit par l'intermédiaire du
Lord-Chancelier.

Les Catholiques et les Juifs ne peuvent exercer le droit
en question.

L'évêque seul introduit le prêtre dans le sein de l'Église.

Il existe toujours des « rectors » et des « vicars », mais le
partage de la dîme se fait depuis longtemps entre eux, les
premiers étant ordinairement plus favorisés que les autres.

Le droit de présentation peut avoir été usurpé par un
tiers. La voie à suivre consiste à exercer une action
devant le Banc de la Reine, car il ne s'agit pas principalement de choses saintes.

Le droit de présentation s'acquiert soit par l'achat, soit
par testament. Ce droit se subdivise : 1° en droit à une
seule présentation ; 2° en droit de présentation pendant la
vie ; 3° en droit perpétuel.

Les prêtres ne peuvent acheter le droit à une seule présentation et se faire admettre eux-mêmes. Mais il n'en est
pas ainsi si le prêtre achète le droit viager ou le droit perpétuel.

Le propriétaire du droit ne peut l'exercer moyennant
un équivalent.

Un prêtre ne peut pas avoir plus de deux cures ; s'il en a

deux, les églises ne doivent pas être éloignées de plus de 4 kilomètres l'une de l'autre.

2° Le prêtre est usufruitier des terres attachées à son église. Il peut les cultiver de la manière qu'il lui plaît, mais ne peut commettre de dégradations au préjudice du fonds.

Le prêtre ne peut ouvrir de mines, mais peut jouir des bénéfices de celles qui sont déjà ouvertes.

Le prêtre peut abattre du bois pour faire les réparations utiles et nécessaires à sa maison d'habitation et à ses dépendances.

Le prêtre peut louer les terres attachées à son église pour une période n'excédant pas quatorze ans. Si le locataire s'engage à faire des améliorations au terrain, le terme peut être de vingt ans. Le prix du bail doit être le plus haut prix qu'il y ait moyen d'obtenir.

La maison d'habitation et une certaine étendue de terre fixée par la loi ne peuvent être louées.

Le cimetière appartient au prêtre jusqu'à ce qu'il donne sa démission.

Le prêtre est tenu d'entretenir en bon état l'église, la maison d'habitation et ses dépendances, mais le « vicar » n'est pas tenu de réparer l'intérieur de l'église. S'il manque à cette obligation, une loi de 1871, prescrit que le propriétaire de l'advowson peut demander à l'évêque l'autorisation de visiter les lieux. L'évêque ordonne à l'architecte diocésain de vérifier leur état. Si le prêtre ne fait pas les réparations indiquées dans le rapport de l'expert, l'évêque pourra ordonner le séquestre. S'il les fait, il est libéré pendant cinq ans, et d'une manière absolue, s'il donne sa démission pendant ce terme ; mais il a dû assurer les immeubles, à défaut d'assurance, il sera responsable des dégâts causés par l'incendie.

3° La dîme est la dixième partie des revenus des produits du sol. Elle porte sur les poulains, les veaux, les agneaux, les poulets, le lait, le fromage et les œufs. Le blé, le foin et le bois sont les grands objets de la dîme et appartiennent au « rector ».

La dîme a été convertie en un droit à une somme d'argent, variant suivant le prix du blé. La terre et ses revenus sont grevés du paiement de cette somme. Le propriétaire de la dîme peut saisir l'immeuble, à défaut de paiement de la somme due dans les vingt et un jours de l'échéance. L'antichrèse est également autorisée.

Si le demandeur et le défendeur sont prêtres, le tribunal ecclésiastique est compétent pour décider d'une contestation soulevée sur la question du droit à la dîme. Le même tribunal est compétent pour ordonner le payement de la dîme, si le droit n'est pas contesté.

Le Banc de la Reine est compétent lorsque dans ces cas le tribunal ecclésiastique est incompétent.

4° Le moyen de contraindre un prêtre à payer le montant d'un jugement est de demander à l'évêque la nomination d'un séquestre.

Principes applicables aux affaires sur lesquelles statuent le tribunal de l'Admiralty et les autres tribunanx maritimes.

Les objets de la compétence des tribunaux maritimes, compétence provenant originairement de l'insuffisance du remède offert par le droit commun, sont : 1° les marins de la marine marchande ; 2° la marine marchande,

Les sources de cette compétence sont la tradition et la loi expresse. De la tradition, empreinte d'ailleurs d'une forte dose d'équité, naissent la plupart des principes de droit. Huit lois promulguées en 1854 et 1880 et contenant ensemble près de 2,000 clauses, ont été faites pour réglementer les navires de la marine marchande et les droits et obligations des propriétaires de navire, des capitaines et des matelots ; ainsi que pour délimiter les pouvoirs du ministère du commerce, autorité chargée de veiller à l'exécution de la loi.

Les navires sont meubles de par la tradition.

Spécialement la grande loi de 1854 règle la question de l'établissement du droit de propriété sur les navires, celle des transferts, et celle des hypothèques, les contrats de service des matelots et certains points relatifs à leurs gages.

A l'égard des investigations des causes des naufrages, un tribunal *ad hoc* a été créé par la loi de 1876.

Nous étudierons : 1° la portion de la loi de 1854, relative à l'établissement du droit de propriété, aux transferts, aux hypothèques, aux contrats de service et aux gages des matelots, le restant de la loi concernant le ministère ou la juridiction extraordinaire.

2° Les principes applicables aux affaires sur lesquelles statuent les tribunaux maritimes :

1° Un navire peut être divisé en parts, dont le nombre n'excède pas 64.

L'étranger non naturalisé ne saurait être propriétaire d'un navire ou d'une part de navire (loi de 1870).

Tout navire anglais doit être inscrit à l'un des bureaux maritimes établis à Londres ou en proviuce ; un certificat est délivré dans la forme prescrite par la loi.

Tout changement dans les noms des propriétaires, doit être inscrit.

Le capitaine du navire est, de droit, détenteur du certificat.

Le transfert du navire ou d'une part dans le navire peut être effectué par le propriétaire. L'acte est celui que prescrit la loi, la rédaction ne doit laisser aucun doute sur l'authenticité du navire. Le cessionnaire doit déclarer par écrit le fait qui le rend capable de devenir propriétaire. Enfin L'acte de transfert et la déclaration doivent être produits au bureau où le navire est inscrit, formalité indispensable puisque le droit du cessionnaire remonte à la date de son accomplissement.

Les hypothèques doivent être inscrites au même bureau, le chef du bureau écrivant sur l'acte mention de cette inscription. Le droit du créancier remonte à la date de l'accomplissement de cette formalité. Payement étant effectué de l'argent emprunté, mention doit en être faite dans les registres du bureau.

A l'égard des gages des matelots, l'époque à partir de laquelle ces derniers doivent être rétribués, est celle où leur travail commence ou celle dont il est parlé dans les conventions. Les naufrages ou la perte du navire met fin au payement des gages. Les stipulations portant que le matelot abandonne son droit d'être payé en cas de perte du navire, ou son droit de sauvetage, sont nulles. Est également nulle la stipulation portant que la rétribution dépendra du fret. Il ne sera rien dû au matelot si dans le cas de naufrage ou de perte du navire, il n'a pas fait tout son possible pour sauver le navire, la cargaison et les provisions. Le payement des gages doit être fait par le capitaine ou par le propriétaire dans les délais fixés par la loi délais s'étendant à quelque jours après la décharge du matelot. La loi de 1876 porte que tout contrat de services contiendra implicitement l'obligation du propriétaire envers le capitaine et les hommes de l'équipage, d'user de tous efforts possibles pour rendre le navire capable de supporter la mer.

2° Voici les réclamations sur lesquelles statue le tribunal maritime appelé Admiralty :

1° Les réclamations tendant à obtenir possession du navire au profit du véritable propriétaire.

2° Les réclamations pour dommages faits au navire, sa cargaison, etc.

3° Les réclamations des matelots pour gages.

4° Les réclamations pour sauvetage.

5° Les réclamations pour choses nécessaires fournies au navire.

6° Les réclamations de créanciers hypothécaires sur le navire ou sur la cargaison.

7° Les réclamations pour pilotage et tonnage.

Le tribunal est compétent également :

8° Pour ordonner la restitution d'effets pris par des pirates, pourvu que le véritable propriétaire en fasse la demande dans un délai raisonnable ;

9° Pour connaître des délits commis par les matelots anglais en mer ou dans des ports de pays étrangers.

Les réclamations pour dommages, gages, sauvetage, choses nécessaires, les réclamations en raison d'hypothèques ou de pilotage, entraînent un droit sur la chose, — le navire, la cargaison ou le fret — appelé « maritime lien », sujet que nous étudierons en dernier lieu.

1° Lorsqu'un navire est détenu au mépris des droits du véritable propriétaire, ou par le capitaine, contrairement au désir du propriétaire, le tribunal ordonnera la restitution.

Lorsque la majorité en nombre des propriétaires veut que le navire fasse un voyage, le tribunal ordonnera que possession en soit donnée à cette majorité, moyennant qu'elle fournît caution suffisante pour couvrir l'intérêt de la minorité. Celle-ci ne contribue en rien aux dépenses, et n'a aucune part à prétendre dans les bénéfices.

Le tribunal a le pouvoir de décider du droit de propriété ; d'établir tous comptes entre les copropriétaires ; si le prix de vente du navire se trouve déposé au greffe, d'ordonner la vente du navire ou d'une part dans le navire.

Le tribunal peut, sur la demande d'une minorité, ordonner la vente du navire.

Les juges anglais ne statueront sur les questions dont il s'agit, lorsque le navire est un navire étranger, que si les parties y consentent, ou si l'adhésion du représentant du pays étranger est obtenue.

2° Une loi de 1861 porte que le tribunal sera compétent pour statuer sur n'importe quelle réclamation pour dommage fait par n'importe quel navire *(sic)*. Il a été jugé par application de ce principe que le tribunal est compétent pour statuer sur les contestations nées d'une collision entre deux navires étrangers arrivés dans des eaux étrangères. Quelle est la loi que le tribunal doit appliquer dans ce cas et dans tous autres où un étranger est mêlé à une semblable contestation? Le sens de la jurisprudence me paraît être que le tribunal doit appliquer la loi anglaise, si l'étranger vient soumettre la contestation aux juges anglais ; la loi étrangère, si l'étranger est amené bon gré mal gré devant eux. L'existence d'une loi internationale privée identique ou applicable à toutes les contestations nées de collisions pouvant avoir lieu dans un rayon déterminé entre des navires de n'importe quel pays, simplifierait beaucoup cette question, mais la jurisprudence paraît incertaine, ne reconnaissant pas plus l'existence d'une pareille loi qu'elle ne refuse de l'admettre.

Quant à la nature de l'action, elle est à la fois *in rem* et *in personam*. Le meilleur moyen de défense à l'action née d'une collision consiste peut-être à alléguer que cette collision a eu lieu dans un rayon où l'emploi d'un pilote était obligatoire, le pilote malhabile étant seul responsable. La responsabilité est alors celle du pilote ; elle est limitée ordinairement à une somme de 2,500 francs et à la perte de la somme payable au pilote pour le trajet. Cette dernière réclamation échappe à la compétence du tribunal maritime. Le tribunal peut, dans le cas d'une collision arrivée par la faute d'un navire étranger au préjudice d'un sujet de la reine, ordonner la saisie de ce navire, s'il est trouvé dans un port du royaume, ou dans une distance de trois milles des côtes, et maintenir la saisie jusqu'à ce que le navire donne caution ou répare le dommage qu'il a causé.

C'est le capitaine d'un navire qui doit intervenir comme défendeur à une instance intentée à raison du dommage causé par un semblable navire.

La règle fixant la responsabilité pour le fait d'une collision est que personne n'est responsable si personne n'est en faute ; que chacune des parties est responsable si elles sont toutes deux en faute ; que la partie subissant le préjudice, est seule responsable si elle est seule en faute ; qu'enfin la partie causant le préjudice est seule responsable, si elle est seule en faute.

Si toutes les précautions d'usage ont été prises pour éviter la collision, mais que nonobstant la collision soit arrivée, chacune des parties doit supporter le préjudice à elle causé. Le manquement aux règlements contenus dans la loi, entraîne la responsabilité du navire coupable de ce manquement, à moins que le propriétaire ne puisse établir qu'il était de toute impossibité d'agir autrement qu'on ne l'a fait, ou que la collision n'a pas été et n'a pu être la conséquence dudit manquement.

Par une loi de 1875, le navire qui ne vient pas au secours d'un autre ayant besoin de ce secours, est censé responsable de la collision.

Quant à la limite des dommages-intérêts dus par le navire en faute, elle est celle résultant de la loi dont j'ai déjà parlé au titre des voituriers. Dans les cas où cette loi est inapplicable, la maxime est : *restitutio in integrum*.

Le dommage au préjudice des personnes ou des biens peut n'être pas la conséquence d'une collision. Une loi de 1861 rend le tribunal compétent pour statuer en pareil cas, exemple : le dommage fait à un câble.

Le dommage fait à des marchandises portées jusque dans un port anglais, soulève un autre chef de compétence, mais pour que le tribunal soit compétent, le porteur du connaissement doit établir : 1° que lors du commencement de l'instance, le propriétaire du navire ou d'une part dans le navire ne fut pas domicilié en Angleterre ; 2° que le dommage fut causé par la négligence ou par la conduite blâmable du propriétaire, du capitaine ou de l'équipage, d'un manquement à leur devoir ou de l'inexécution d'une clause du contrat devant leur être imputée. Le tribunal est compétent, que le navire soit un navire étranger ou un navire anglais.

3° La loi de 1861 et la tradition donnent compétence au tribunal pour statuer sur toutes les réclamations pour ouvrages faits à bord de navires ou pour dépenses nécessaires faites par le capitaine; spécialement, celles des matelots pour leurs gages, même les réclamations de marins étrangers contre des navires étrangers se trouvant dans des ports anglais. Avis des poursuites doit être donné dans ce cas au consul. Le prix des choses nécessaires à la vie pendant la durée du procès est ordinairement compris dans les frais du matelot demandeur.

Les matelots ont un recours contre le navire, le propriétaire ou le capitaine.

La saisie-arrêt des gages d'un matelot est défendue. Le matelot ne peut valablement céder son droit au payement de ses gages ou son droit de sauvetage, avant que le droit ne soit né. Sa procuration est révocable.

Est nul un contrat par lequel le payement des gages est fait sous la condition que le matelot prenne la mer d'un port du Royaume-Uni, si le payement est effectué avant que le matelot n'ait gagné le montant de ses gages. L'action contre le matelot en restitution de la chose payée, n'est donc pas admise.

Le matelot peut allouer à ses parents, par écrit signé entre le capitaine et lui, dans la forme approuvée par le ministère, une part de ses gages n'excédant pas la moitié. Peuvent former une instance en recouvrement de cette part : la femme, le père ou la mère, le grand-père ou la grand'mère, l'enfant ou le descendant, le frère ou la sœur. Le matelot est censé jouir du droit au payement de ses gages, à moins que le contraire ne soit établi.

Le matelot peut autoriser le versement d'une partie de ses gages dans la caisse d'épargne.

4° Le droit de sauvetage dû par le propriétaire ou par le négociant à ceux qui ont sauvé le navire d'un danger imminent, ou qui l'ont recouvré après sa perte, est accordé par le tribunal, soit dans le cas où la vie est sauvée, soit dans le cas où des biens sont sauvés, mais la rétribution payable dans le premier cas prime celle qui est payable dans le second cas. Les services rendus doivent être volontairement rendus. Même les pilotes qui ne déclarent pas aider à titre de sauveteurs ne peuvent rien réclamer. Est valable la convention par laquelle le propriétaire du navire sauvé stipule le payement d'une somme déterminée, pourvu que les parties l'aient signée en parfaite connaissance de cause et que l'acte ne soit pas inéquitable. Les matelots et autres qui se conduisent d'une manière extrêmement blâmable, perdent leur droit à une rémunération.

Les matelots ne peuvent abandonner leur droit à une rétribution.

Il n'y a pas de règle portant que le montant de cette rétribution dépend nécessairement de la valeur des effets sauvés, valeur, d'ailleurs, qui est celle desdits effets lorsqu'ils sont portés dans un lieu sûr. Mais si les matelots ont exposé leur vie, la rétribution accordée est toujours plus forte que dans les autres cas. Un troisième élément, devant être pris en considération par le juge, est l'étendue du péril que couraient les effets sauvés.

5° Sont jugées par les tribunaux maritimes les réclamations pour choses nécessaires en elles-mêmes et dans les circonstances particulières, fournies aux navires étrangers, ou fournies pour bâtir, équiper ou réparer un navire, si,

de vente a été saisi-arrêté par une ordonnance du juge ;
ou pour choses nécessaires fournies à un navire ailleurs
que dans le port auquel il appartient, pourvu que, lors du
commencement du litige, le propriétaire ne soit pas domicilié en Angleterre.

Le capitaine ou autre personne qui a commandé les
choses dont il s'agit, a dû avoir les pouvoirs nécessaires à
cet effet.

6° En vertu d'une loi de 1861 le tribunal de l'Admiralty
a compétence pour statuer sur les contestations nées d'hypothèques consenties par les propriétaires de navires,
lorsque le navire a été saisi par suite de l'ordonnance du
juge, ou que le produit de vente a été consigné. L'hypothèque a dû être inscrite dans les termes de la loi de 1854.

Pour que l'hypothèque soit valable, l'acte doit être dans
la forme prescrite par cette dernière loi, et doit être inscrite au greffe du port où le navire est inscrit. Un pareil
acte confère au créancier le droit de vendre le navire. Le
droit du créancier est primé par celui du matelot pour ses
gages ou pour sauvetage ; enfin par le droit de ceux réclamant en raison du dommage causé au navire, ou pour
choses nécessaires fournies à un navire étranger.

Il existe une sorte d'hypothèque particulière aux navires,
appelée « bottomry » lorsqu'elle frappe le navire et *respondentia* lorsqu'elle frappe seulement la cargaison. Je
parle d'une obligation écrite, unilatérale, souscrite dans
un port étranger, non inscrite, et qui est donnée par le propriétaire ou par le capitaine, en échange d'argent fourni
pour les besoins indispensables du navire ou de la cargaison, argent ne devant être remboursé que si le navire ou
les marchandises arrivent à bon port. Il faut que l'emprunt
ait été requis pour achever le voyage commencé et que
l'emprunteur n'ait pu obtenir l'argent sur son crédit personnel. Autrement, l'obligation est nulle. La nullité déclarée par le tribunal est absolue et entraîne pour le pré-

teur la perte complète et entière de son argent. C'est donc au prêteur à s'assurer de l'existence de cette nécessité. Les intérêts sont ordinairement très élevés, leur taux est un élément sur lequel le tribunal se base pour décider dans les cas de doute si l'obligation doit s'intituler « bottomry » ou non.

La dernière obligation est remboursée par préférence à toutes autres ; le tribunal de l'Admiralty est seul compétent en matière de « bottomry » et de *respondentia*.

Le droit sur la chose appelée « maritime lien » naît de tous contrats ou « torts » maritimes rangés parmi ceux qui se trouvent compris dans les limites de la compétence du tribunal. Ce droit s'exerce sur le navire, ses accessoires, et le fret dû au jour où la saisie est opérée sur la cargaison, aussi, quant le contrat le porte, sur la cargaison exclusivement, quand il s'agit d'une réclamation pour fret — le tout par l'intermédiaire du tribunal seulement.

Une instance doit être formée ; sitôt qu'elle est formée, on peut demander et obtenir la saisie, pourvu que le navire se trouve dans un port anglais ou à une distance n'excédant pas trois milles de la côte.

Aucun préjudice n'est porté au droit dont il s'agit par une vente faite du navire ou une hypothèque consentie après la naissance du droit. La vente de la cargaison opère le résultat inverse. Les réparations et les améliorations faites au navire depuis l'existence du droit, forment partie du gage du créancier.

L'action réelle n'empêche pas l'action personnelle.

Le « maritime lien » est inaliénable sauf s'il est né d'une obligation désignée sous le nom de « bottomry ».

Ce droit s'éteint par le payement, la novation, la vente faite en vertu d'un jugement, la destruction de la *res*, la négligence du créancier qui a laissé vendre la *res* sur la demande d'un intéressé dont la réclamation a épuisé le produit de vente. Si le créancier n'est pas payé, le tribunal ordonnera la vente du navire et de ses accessoires.

Voici l'ordre dans lequel les réclamations sont payées :
1° Les réclamations pour sauvetage ;
2° Les réclamations pour dommage fait au navire ;
3° Les réclamations pour gages,
4° Les réclamations du capitaine pour ses appointements, et les dépenses par lui faites;
5° Les réclamations pour « bottomry » ;
6° Les réclamations pour choses nécessaires ;
7° Les hypothèques.

Lorsqu'il y a plusieurs réclamations ayant le même rang, la dernière par ordre de date est préférée aux autres.

Loi sur les faillites

La meilleure loi qui ait jamais existé sur les faillites, est celle de 1883. Tous les dix ans ou à peu près, on a eu l'habitude de rédiger une loi nouvelle en cette matière, preuve sérieuse de l'instabilité des œuvres humaines, et l'on a remarqué qu'elle ne différait d'une manière appréciable de la précédente que sur un point, c'est que la nouvelle était encore plus mal faite que l'ancienne. Dire que la loi actuelle est la meilleure qui ait jamais existé, c'est donc affirmer qu'elle est la moins mauvaise. Je pense toutefois qu'on peut aller plus loin et dire que c'est une loi juste et bonne. En tout cas, elle a un grand mérite ; c'est qu'elle annule les lois précédentes et renferme toute la législation sur la matière dont elle traite.

La loi est divisée en huit parties ; la première traite des causes entraînant le jugement du tribunal, jugement portant nomination d'un syndic provisoire, appelé « official receiver », ou déclarant le débiteur en état de faillite : suivant qu'il intervient ou n'intervient pas de concordat immédiat, le premier jugement prononcé dans tous les cas est définitif ou provisoire, le second, faisant toujours suite au premier, est nécessairement définitif, il n'est pas prononcé s'il y a un concordat immédiat ; la seconde partie traite des chefs d'incapacité résultant de la faillite ; la troisième, de la liquidation de l'actif ; la quatrième, de la nomination des syndics provisoires ; la cinquième, des syndics définitifs ; la sixième de la constitution, des pouvoirs du tribunal et de la procédure ; la septième, des petites faillites ; la huitième, contient des articles supplémentaires.

1° Voici les huit faits déterminant la date du commencement de la faillite : 1° Le fait de l'abandon par le débiteur à un tiers, en faveur de ses créanciers, de la totalité de ses biens, abandon par acte écrit signé du débiteur; 2° le fait d'une cession, d'une donation, d'une livraison ou d'un transfert consenti par le débiteur en fraude des droits des créanciers, de la totalité ou d'une portion de ses biens ; 3° le fait de la cession ou du transfert opéré par le débiteur du tout ou partie de ses biens, ou le fait de les avoir grevés de charges, cession ou charges qui seraient nulles comme entraînant une préférance indue si le débiteur était déclaré en état de faillite ; 4° si le débiteur quitte l'Angleterre ou son domicile seulement, ou bien s'enferme dans son domicile en refusant de voir les créanciers qui se présentent, le tout dans le but de retarder l'action de ces créanciers, ou de les empêcher de faire valoir leurs droits ; 5° le fait d'une saisie et d'une vente de biens du débiteur en vertu du jugement d'un tribunal ; 6° le fait du dépôt au tribunal par le débiteur de son bilan ou d'une déclaration portant qu'il ne peut payer ses dettes ; 7° le fait de la signification par le créancier au débiteur d'une notification en due forme exigeant le payement d'une somme due en vertu d'un jugement, une garantie ou une satisfaction ; payement, garantie ou satisfaction que le débiteur n'a pas effectué ou donné dans la huitaine, mais le débiteur peut éviter la conséquence dont il s'agit en prouvant dans le même délai qu'il a une demande reconventionnelle à exercer contre le créancier, demande portant sur une somme égale ou supérieure à celle dont on exige le payement contre lui, demande enfin que le débiteur n'a pu établir devant le tribunal, ayant prononcé le jugement qui le condamne; 8° le fait de l'avertissement donné par le débiteur à ses créanciers qu'il a suspendu ses paiements ou qu'il est sur le point de le faire.

La créance, base de la demande contre le débiteur, doit être liquide et d'une somme de 1,250 francs au moins; au surplus l'un des faits ci-dessus spécifiés a dû avoir lieu dans les trois mois ayant précédé la demande ; et le domicile du débiteur doit être situé en Angleterre ou a dû l'être dans l'année précédant la demande.

Les deux conséquences les plus essentielles qu'entraîne le prononcé du jugement provisoire sont : 1° le dessaisissement; 2° l'impossibilité de commencer des poursuites contre le débiteur. Quant aux poursuites déjà commencées, le tribunal est libre d'agir comme il le juge convenable.

Le tribunal peut nommer un gérant dans les cas où il juge cette nomination utile et nécessaire.

La nomination du syndic provisoire, une première réunion des créanciers au lieu indiqué par ce syndic, l'établissement du compte par le débiteur, l'interrogatoire, devant le tribunal, du débiteur qui doit prêter serment, interrogatoire auquel pourra prendre part tout créancier ayant affirmé sa créance et auquel devra prendre part le syndic provisoire, voilà les mesures précédant la déclaration de faillite qu'entraîne forcément la demande.

Par une résolution spéciale, résolution votée par une majorité en nombre et par une majorité des trois quarts en somme; les créanciers peuvent consentir un concordat mais ce concordat est soumis au tribunal qui peut l'approuver ou le désapprouver. S'il n'y a pas de concordat, le tribunal déclare la faillite.

Les créanciers nomment un syndic définitif. Ce syndic devra fournir caution suffisante aux yeux du ministère du commmerce, mais le ministère peut s'opposer à la nomination, en alléguant qu'elle n'a pas été faite de bonne foi par la majorité en somme, ou que la personne nommée est impropre à remplir les fonctions de syndic. L'opposition du ministère est portée devant le tribunal sur la demande de la majorité en somme. Au surplus les fonctions du syndic remontent au jour où un certificat lui est délivré par le ministère. Enfin le syndic est nommé par ce dernier en cas de besoin.

(Le syndic est presque toujours un comptable.)

Après avoir nommé le syndic, les créanciers peuvent nommer un comité de surveillance composé de cinq créanciers au plus et de trois au moins : Après le prononcé du jngement déclarant la faillite, les créanciers pouvant consentir un concordat par une résolution spéciale.

Après le prononcé du même jugement, le débiteur est toujours admis à demander sa décharge : 1° Le tribunal sur le rapport de « l'official receiver », accorde ou refuse la demande. Il peut, en l'accordant retarder la décharge pendant un temps déterminé, ou imposer des conditions au débiteur relativement à ses revenus ou à ses biens futurs ; 2° lorsque le débiteur aura commis un acte délictueux aux termes de la loi ou aux termes de celle de 1869, chapitre des peines infligées par un tribunal criminel pour cause de banqueroute frauduleuse, le tribunal doit rejeter la demande. Enfin 3° le tribunal, sur l'un des faits ci-après, doit rejeter la demande ou suspendre la décharge pendant un temps déterminé ; ou bien en l'accordant, imposer les conditions déjà expliquées : 1° omission par le débiteur de tenir des livres de comptabilité en règle et montrant « suf-

.fisamment » la marche de ses affaires pendant les trois ans précédant la faillite ; 2° continuation des affaires après l'époque où le débiteur savait qu'il était insolvable; 3° dette contractée par le débiteur et pouvant venir sur l'actif, sans que le débiteur, au temps où il s'engageait, ait eu lieu de supposer qu'il pouvait satisfaire à son engagement. Le débiteur doit faire cette preuve ; 4° faillite résultant de spéculations téméraires, où de dépenses démesurées faites pour la vie privée ; 5° dépenses inutiles causées par l'opposition sans raison faite par le débiteur à une demande justement exercée contre lui; 6° préférence indue accordée par le débiteur à un créancier dans les trois mois précédant le prononcé du jugement provisoire, le débiteur ne pouvant faire face à son passif; 7° concordat « statutaire » ou faillite précédente ; 8° dol ou inexécution d'un fidéicommis accompagné de dol.

Lorsque le débiteur, par contrat de mariage, se sera dessaisi de biens, alors qu'il n'était pas en mesure de payer ses dettes sans l'aide de ces biens ; lorsque le débiteur aura passé un contrat se dessaisissant au profit de sa femme ou de ses enfants, de biens ne lui appartenant en aucune façon lors du mariage, le tribunal pourra rejeter la demande du débiteur à fin d'obtenir sa décharge, suspendre la décharge, imposer des conditions au débiteur ou refuser d'approuver le concordat ; mais le tribunal doit juger que le contrat a été fait pour retarder l'action des créanciers, pour les empêcher d'exercer leur recours, ou bien que le contrat était « injustifiable » eu égard à l'état des affaires du débiteur à l'époque du contrat.

Le jugement accordant la décharge opère la libération du débiteur sauf pour ce qui concerne les dettes dues à la Couronne et quelques autres.

Le débiteur déclaré en faillite, et n'ayant pas obtenu sa décharge, qui se fait donner un crédit pour une somme de 500 francs au moins, sans divulguer la faillite, est coupable d'un acte délictueux et punissable aux termes de la loi de 1869.

2° Jusqu'au jugement accordant au débiteur sa décharge, le débiteur ne peut remplir certaines fonctions. Ex : il ne peut rester ou devenir membre de la Chambre.

3° On peut affirmer toutes espèces de créances, sauf celles ayant pour objet des dommages-intérêts non liquidés et résultant d'un « tort ».

Le syndic devra évaluer les créances éventuelles ; on peut appeler au tribunal de la décision du syndic.

Les impôts pour une année, les salaires et gages dont le montant n'excède pas 1250 francs et qui sont dus pour services rendus dans les quatre mois précédant le jugement provisoire, sont privilégiés. Les autres créances sont payées *pari passu*.

S'il s'agit d'une société, l'actif social servira d'abord à payer les dettes sociales.

S'il y a plusieurs faits déterminant la date du commencement de la faillite, cette dernière remonte au premier des faits ayant eu lieu dans les trois mois précédant le jugement provisoire.

L'actif partageable des commerçants comprend les meubles appartenant à autrui, mais se trouvant en la possession du débiteur lors du commencement de la faillite, pourvu que le débiteur les possède du consentement du propriétaire, et que le fait de la possession soit accompagné de circonstances devant laisser supposer aux tiers que le débiteur est le véritable propriétaire.

La faillite peut produire son effet sur les droits de créanciers saisissants. Ainsi un créancier a fait saisir en vertu d'un jugement, ou a formé opposition entre des mains tierces, ce créancier ne pourra garder le produit de la saisie ou de l'opposition, à moins que la vente n'ait eu lieu ou que le paiement n'ait été fait avant le jugement provisoire, et avant la réception par le créancier d'un avis

soit de la demande formée pour arriver à la nomination
d'un syndic provisoire, soit de l'existence d'un fait pouvant entraîner le jugement provisoire.

Sont nuls les actes de fidéicommis faits par un débiteur
après mariage et dans les deux ans précédant la faillite,
les actes en question faits dans les dix ans précédant la
faillite, à moins que les intéressés ne puissent établir la
solvabilité du débiteur à l'époque où il a passé l'acte,
sans l'aide des biens compris dans l'acte ; et ne puissent
prouver le transfert à cette époque au fidéicommissaire du
droit possédé sur ces biens par le débiteur ; les contrats
faits au profit de la femme ou des enfants du débiteur pour
cause de mariage et portant sur les biens futurs du disposant, si ces biens n'ont pas été transférés ou les effets
payés dans les termes du contrat avant le commencement
de la faillite ; les transferts ou démembrements de la propriété passés ou consentis par un débiteur se trouvant dans
l'impossibilité de faire face à son passif, les paiements faits
par le débiteur, les obligations qu'il a prises, les jugements
qu'il a consentis au profit d'un créancier dans les trois
mois précédant la demande ayant entraîné un jugement
définitif déclarant la faillite, lorsque l'acte du débiteur a eu
pour résultat d'accorder une préférence indue à ce créancier sur les autres.

La protection de la loi est accordée à ceux qui ont traité
de bonne foi avec le débiteur, et dans l'ignorance de sa
situation mais avant le jugement provisoire.

Le syndic prend possession de la totalité de l'actif, actif
qu'il doit réaliser.

Le syndic peut déclarer par écrit qu'il renonce à tous
droits dont l'exercice pourrait seulement entraîner un
préjudice pour les créanciers. Spécialement, il peut,
avec l'autorisation du juge, renoncer à un droit au
bail.

Les pouvoirs du syndic sont exercés tantôt avec le concours du comité de surveillance, tantôt sans ce concours.

Les frais de la faillite sont privilégiés. Le syndic devra distribuer tous dividendes entre les créanciers ; le **dernier dividende** est le dernier que le syndic et le comité pensent pouvoir distribuer.

Pouvoir est donné au syndic agissant de concert avec le comité, de nommer le failli, gérant du commerce.

4º Les « official receivers, » seront nommés par le ministère du commerce. Leurs fonctions consisteront notamment à faire un rapport au tribunal sur la manière dont le débiteur a fait ses affaires, sur la nécessité de la poursuite criminelle, à interroger le débiteur lors de l'interrogatoire subi par lui devant le tribunal.

5º Le syndic nommé par les créanciers sera rétribué de ses peines et soins en vertu d'une résolution ordinaire ou d'une décision du ministère, si le quart des créanciers en nombre ou en somme, la demande, ou si le failli établit à la satisfaction du ministère que la rémunération votée par les créanciers est excessive.

Le syndic devra verser à la banque d'Angleterre les sommes reçues par lui, à moins qu'il n'en soit autrement ordonné par le ministère sur la demande du comité ; il devra envoyer ses comptes deux fois par an au ministère, il devra tenir des registres montrant les décisions prises par les créanciers.

La décharge du syndic doit être précédée d'un rapport que fera faire le ministère. Les intéressés pourront s'opposer à la demande adressée d'ailleurs au ministère. L'appel au tribunal est permis.

Les fonctions du syndic cessent si un jugement provisoire est prononcé contre lui.

Le ministère devra surveiller le syndic, exiger qu'il réponde à toutes questions, il pourra demander au tribunal d'ordonner l'interrogatoire.

6º Nous étudierons cette partie au chapitre des tribunaux.

7º Les faillites, où l'actif ne doit pas dépasser présumablement la somme de 7,500 francs, sont appelées petites faillites. Une procédure sommaire leur est applicable. Spécialement «l'official receiver» est nommé syndic, avec pleins pouvoirs.

Sont également désignées petites faillites, celles qui sont déclarées par les juridictions inférieures, où le passif n'excède pas 1,250 francs. Le tribunal ordonnera le paiement par acomptes.

8º La liquidation des sociétés anonymes établie aux termes de la loi de 1862, n'est pas de la compétence du tribunal des faillites,

La liquidation de l'actif d'un débiteur décédé, actif insuffisant pour payer les dettes, pourra être ordonnée par le tribunal des faillites après le laps de deux mois à partir du Probate, ou des « letters of administration ».

Si le représentant consent à la demande immédiate, si le défunt avait fait un acte devant entraîner le jugement provisoire, dans les trois mois précédant son décès, le délai de deux mois n'existe pas.

Le syndic dans ce cas sera « l'official receiver ».

Le Lord Chancelier avec le concours du ministère pourra prescrire tels règlements qui seront jugés utiles pour mieux assurer l'exécution de la présente loi. Ces règlements ne pourront porter sur la compétence du tribunal.

Les dividendes non réclamés dans les trois mois devront être versés par le syndic à la banque d'Angleterre.

Le tribunal pourra ordonner des poursuites criminelles contre le failli sur le rapport de « l'official receiver». Le banqueroutier frauduleux pourra être envoyé par le tribunal devant les assises, pour y être jugé conformément à la loi.

Le parquet (« director of public prosecutions ») est chargé de la poursuite.

Principes du droit pénal

Cet admirable, ce parfait droit pénal, renferme pour le moins 305 lois expresses dont la première remonte à l'année 1275, et dont 175 ont été promulguées depuis l'avénement de sa Majesté la Reine.

Pour rendre le système plus intelligible et plus digne d'un grand peuple, on l'a fondé aussi sur la coutume, et dans un cas particulier sur la féodalité ; de sorte que tour à tour, coutume et lois expresses précisent les éléments des délits et des crimes et fixent les peines que doivent subir les malfaiteurs.

Je ne suis pas un innovateur. Pourquoi ne pas nous servir de vieux matériaux ? Nous sommes en présence de la fusion de l'Équité et du droit commun, droit portant aussi bien sur la partie criminelle que sur la partie civile. Il faudrait déclarer qu'il y a fusion... Il n'y a qu'un malheur : l'Équité est silencieuse d'une manière absolue. Elle se recueille toujours. Il faut donc trouver un autre moyen. Aussi un juge éminent du Banc de la Reine, sir J.-F. Stephen, a-t-il fait de grands efforts pour obtenir la codification du droit pénal ; en 1880, le gouvernement a préparé un projet de code, mais depuis cette date, rien n'a pu être fait.

Mentionnons d'abord un fait important. Pour garantir aux citoyens la jouissance de leurs droits civils, une loi appelée *habeas corpus* a été promulguée sous le règne de Charles II. En vertu de cette loi, tout citoyen mis en prison par suite du jugement du tribunal ou de l'ordonnance d'un juge, ou par l'autorité de la reine elle-même, aura le droit de réclamer à un juge du Banc de la Reine d'être traduit devant ce tribunal pour que ce dernier juge si la cause de l'emprisonnement est juste ou non. Le tribunal devra statuer sur cette question et à cet effet ordonner au « sheriff » d'amener le corps du susdit citoyen devant le tribunal.

Le droit commun explique ou définit les grandes catégories d'offenses connues du droit pénal, ainsi que les principales espèces particulières et les diverses natures de peines. Autrefois il devait régler l'étendue de la peine. Les catégories d'offenses, les espèces particulières, les diverses natures de peines subsistent. L'étendue de la punition a changé.

La loi expresse a pour but principal de fixer l'étendue des peines, renfermant quelques définitions seulement des offenses auxquelles ces peines s'appliquent.

J'adopterai à peu près l'ordre généralement suivi, parlant : 1° de la division des offenses en « felonies » et « misdemeanous » et des éléments essentiels pour constituer une offense ; 2° des personnes pouvant commettre des crimes et du point de savoir ce que signifie parties principales et parties secondaires, en matière de « felonies » ; 3° des espèces particulières d'offenses, y compris : 1° les offenses contre la loi internationale, le gouvernement, la religion, la justice, la paix publique, contre la douane ou au préjudice du commerce, l'offense appelée « conspiracy », les offenses contre l'ordre public, la santé publique et les bonnes mœurs, contre les lois sur le gibier ; 2° les offenses contre les personnes ou contre les biens appartenant aux particuliers : homicide, viol, coups et blessures, vol, vol par des serviteurs, abus de confiance, vol avec effraction, faux, incendie volontaire ; enfin 3° je discuterai les offenses de peu d'importance sur lesquelles le tribunal compétent statue sommairement ; 4° des diverses natures de peines ; 5° de la prescription.

1° Le mot « felony » provenant d'ailleurs de deux mots dont l'un signifie : fief, et l'autre : prix ou valeur, est ainsi défini : offense occasionnant la confiscation complète au seigneur de la terre du coupable. Par une loi récente, cette conséquence est enlevée ; le mot et la chose sont aujourd'hui dénués de sens, ce qui ne les empêche pas d'être employés comme auparavant. Voyons maintenant ce qu'est « misdemeanour ». La réponse est facile : toute offense qui ne constitue pas un « felony ».

Il y a trois éléments constitutifs d'un crime : l'intention, la volonté, l'action ou la tentative manifestée d'agir. Donc, si je tire sur de la volaille appartenant à X et tue X par accident, la culpabilité est établie pourvu qu'il y ait intention de tuer la poule. Science de casuiste ! mon intention a-t-elle été de tuer X ? sinon où est le crime ? l'intention suivie d'une exécution se rapportant à l'intention est punissable dans tous les pays de ce monde. Mais que vaut l'exécution sans l'intention conforme ou *vice versa ?* L'acquittement. Toutefois, je ne verrais aucun inconvénient, je pense même qu'il y aurait intérêt à quitter le terrain des principes et à envisager ces actes au point de vue de leurs conséquences. Accorder l'immunité serait encourager d'autres à se livrer à des actes semblables. Qu'on le dise, qu'on fixe la peine d'une manière précise ; on aura raison, car le but de la loi criminelle n'est pas seulement de punir le coupable présent devant le tribunal, mais, autant que faire se peut, de détourner les autres de la voie du crime.

La tentative de commettre un « felony » ou un « misdemeanour » la tentative de commettre un meurtre vaut « felony ». Le mot tentative s'entend d'un acte devant amener l'offense ; mais si, par exemple, l'objet à voler n'existait pas, il n'y aurait pas tentative dans le sens de la loi. La peine est ordinairement beaucoup moins sévère que celle de l'acte consommé.

2° La présomption est que l'acte criminel a été accompagné d'intention et de volonté. L'aliénation d'esprit, l'état de minorité, l'ignorance, l'imprudence, la contrainte matérielle ou morale, la légitime défense, voilà les exceptions à la règle, exceptions dont l'accusé doit établir le bien fondé.

L'aliénation d'esprit est évidemment absolue ou relative. Je ne comprends rien du tout à cette dernière. Dans une espèce, on paraît avoir décidé que si, étant affligé de cette aliénation, on savait que ce que l'on faisait était contraire à la loi, on était punissable.

L'ivresse n'est pas une excuse, mais le juré apprécie très exactement les paroles prononcées par le coupable, et détermine souvent que ces paroles, devant indiquer l'existence des éléments de culpabilité chez un homme jouissant de ses facultés, ont une importance beaucoup moins grande, étant prononcées par un homme dans un état d'ivresse.

Jusqu'à l'âge de sept ans, le mineur ne peut commettre d'offense ; entre l'âge de sept et de quatorze ans, il est présumé dans un état rendant la culpabilité impossible ; entre l'âge de quatorze et de vingt et un ans, la présomption est qu'il est capable de commettre toutes offenses.

L'ignorance de la loi n'est pas une excuse. La femme est excusable si elle a commis le crime en présence de son mari, sauf dans les cas de haute trahison, assassinat, homicide volontaire et vol. Les malfaiteurs qui se sont rendus coupables de « felony » peuvent avoir commis le crime ou avoir été sur les lieux et avoir prêté leur concours ; dans ces cas-là, on appelle les accusés parties principales au premier et au second degré ; ou n'avoir pas été sur les lieux, mais avoir prêté un concours par des conseils ou autrement soit avant soit après l'accomplissement de l'acte criminel ; on appelle les uns : « parties secondaires avant le fait », et les autres : « partie secondaires après le fait ».

Les parties principales encourent la même peine.

Les parties secondaires de la première espèce sont responsables de leurs agents ou de ceux qu'ils ont conseillés, mais de leurs conseils seulement. Il faut que ces conseils aient été mis à exécution, alors la responsabilité est la même que celle des parties principales dont la condamnation n'est pas nécessaire pour parvenir à celle des parties secondaires de la première espèce. Les parties secondaires de la deuxième espèce sont condamnées à un emprisonnement n'excédant pas deux années.

Exception : 1° Pour le cas d'assassinat, où la peine peut être des travaux forcés à perpétuité, ou cinq ans au moins, ou l'emprisonnement pendant deux ans au plus ; 2° pour le cas de haute trahison où tous les coupables sont condamnés à la même peine :

3° La piraterie est punissable, elle doit être considérée comme un « felony » commis sur le territoire. La peine est la mort s'il y a tentative de meurtre ou blessures graves.

Par exception à la règle générale, celui qui cache la connaissance qu'il a de faits supposant la haute trahison, est puni comme le coupable.

Les offenses contre la religion sont punies parce qu'elles entraînent un préjudice pour la communauté. Ainsi les écrits grossiers susceptibles de pervertir, d'insulter, d'égarer les citoyens, constituent une offense d'après le droit commun. Certes un homme ne devrait jamais oublier les convenances, mais la punition qu'il mérite et doit subir, c'est le mépris de tous les honnêtes gens, y compris ceux qui sont d'un avis semblable au sien.

Parmi les offenses contre la justice, je dois mentionner le parjure qu'on peut définir en ces termes, crime commis par celui qui, ayant prêté serment devant un tribunal compétent, dépose des faits faux à sa connaissance et pertinents. Il faut produire deux témoins à l'appui de la poursuite.

Les offenses contre la paix publique sont principalement : 1° les émeutes ; si une douzaine de personnes se réunissent pour faire une émeute et ne se séparent pas dans une heure après lecture faite d'une proclamation dans les termes de la loi par un juge de paix, maire, etc., ces personnes sont coupables d'un « felony ». Elles peuvent être punies de travaux forcés ou d'un emprisonnement n'excédant pas trois ans. Les poursuites doivent avoir lieu dans l'année. 2° La diffamation écrite ou verbale, car elle peut troubler la paix publique. Le défendeur doit établir la vérité des faits allégués par lui et l'intérêt général. Sont punissables tous ceux qui concourent à la publication : Exemple l'imprimeur. Le propriétaire d'un journal est admis à prouver qu'il n'a pas autorisé la publication, qu'elle a eu lieu à son insu et qu'il n'a pas agi imprudemment. Ledit propriétaire est tenu d'insérer dans son journal des réfutations raisonnables. Il n'est pas nécessaire d'alléguer que le défendeur savait que le fait était faux, mais à défaut de cette preuve, la peine est diminuée de moitié et l'amende est moins forte. Le maximum de la peine est de deux ans.

Parmi les offenses contre le commerce, mentionnons : 1° celles ayant trait aux marques de fabrique, l'imitation frauduleuse (« forgery ») est punissable par l'emprisonnement pendant deux ans au plus ou par l'amende, ou par l'emprisonnement et l'amende. Les articles sont confisqués. Les poursuites doivent être intentées dans les trois ans ; 2° certains actes faits pour empêcher les ouvriers de travailler lorsqu'ils ne veulent pas s'associer à une ligue. La peine est l'emprisonnement de trois mois au plus ou une amende de 500 francs au plus.

Le « conspiracy » suppose le concours de deux volontés au moins soit pour parvenir à commettre un crime, soit pour arriver à un but légitime par des moyens illicites, soit pour nuire à un tiers. Cette offense est punissable par l'amende ou l'emprisonnement ou par les deux. Il paraît que si le préjudice n'a pas été commis par suite de malveillance, la juridiction extraordinaire ne saurait condamner l'accusé. Dans les cas où, comme dans le « conspiracy », la compétence repose sur de larges bases, l'examen le plus minutieux des circonstances devrait être fait. Or l'instruction préliminaire, celle ayant lieu avant l'arrestation du supposé coupable, n'est pas, je pense, assez sérieusement faite. Le préjudice causé par la simple arrestation est énorme ; celui qu'entraîne la publication de tous les détails de l'instruction publique qui suit l'arrestation, est encore plus grave. Comme instruction préliminaire, le serment de la partie est-il suffisant? il me semble tout à fait insuffisant, et qu'il faudrait y ajouter le pouvoir discrétionnaire du juge de se munir de tous les renseignements qu'il juge utiles. Le juge peut, il est vrai, assigner seulement le défendeur. L'assignation est accordée dans les mêmes conditions, et le préjudice est vraisemblablement le même qu'au cas précédent.

Parmi les offenses contre les bonnes mœurs, constatons : 1° la bigamie. Elle ne s'applique pas à des sujets d'états étrangers ayant contracté leur mariage ailleurs qu'en Angleterre ou en Irlande ; elle ne s'applique pas non plus à l'époux présent lorsque l'absence du conjoint a duré pendant sept ans d'une manière continue. La peine est des travaux forcés pendant sept ans au plus : 2° Le jeu et le pari. Il faut avoir parié dans des maisons de jeux ouvertes au public. La peine est une amende de 12,500 francs ou l'emprisonnement pendant une période maximun de six mois. Les loteries sont défendues.

Les offenses contre les personnes ou contre les biens de particuliers constituent un sujet d'une vaste importance. Le fait de tuer peut être un fait justifiable, excusable ou « felonious ». La mort a dû résulter de l'acte du criminel dans l'espace d'un an et un jour. Le fait est présumé « felonious ». C'est à l'accusé à établir qu'il a été justifiable ou excusable.

Avant d'aller plus loin, disons que le sujet sur lequel la critique se porte le plus naturellement et où elle est malheureusement le plus sans réplique est justement le sujet le plus grave, à savoir le fait désigné « felonious ».

Le fait de tuer est justifiable : 1° lorsque l'auteur est un homme de la police. Ex. : il tue un émeutier ; 2° lorsque l'homicide a eu lieu pour empêcher qu'on ne commît certains crimes dont le principal est le vol avec effraction qui arrive la nuit. Les étrangers dans la maison sont excusables.

Le fait de tuer est excusable lorsqu'il a lieu : 1° *se defendendo*. L'accusé doit établir qu'il a essayé d'éviter la continuation de la lutte et qu'il a fait son possible pour s'échapper ; ce cas s'applique aussi au mari qui défend sa femme, au père qui défend son enfant, au maître qui défend son serviteur, 2° *Per infortunium*, cas de mort d'homme supposant l'absence de toute intention de nuire et un fait que ne défend pas la loi.

Le fait de tuer est « felonious » lorsqu'il n'est ni justifiable ni excusable, il prend dans ce cas la dénomination 1° de « murder » ou 2° de « manslaughter. »

1° Les éléments sont : 1° le fait de tuer sans que l'acte soit justifiable ou excusable, 2° la préméditation, 3° la jouissance des facultés intellectuelles. C'est sur le mot préméditation que la critique se porte. Je m'en sers parce qu'une grande autorité (Coke) d'il y a deux siècles, dont on donne toujours la définition, l'a adopté. Mais les auteurs, tout en retenant et commentant soigneusement cette définition, et cette définition seulement, expliquent que la jurisprudence remplace le deuxième élément par l'intention de commettre un « felony » quelconque (Voir l'exemple de la poule ci-dessus). Cette jurisprudence l'emporte aujourd'hui.

Ainsi la définition du crime entraînant l'une des morts les plus horribles qu'on puisse imaginer, diffère suivant que nous vivons au XVII° siècle, peut-être au XVIII° ou au XIX° siècle. Autrefois il fallait la préméditation, aujourd'hui il ne faut pas la préméditation. Ainsi la définition, dans le premier cas comme dans le second, n'est pas celle qui a été donnée par le pouvoir législatif, mais celle d'un jurisconsulte ; au second cas, d'un jurisconsulte dont il serait vraisemblablement impossible de fournir le nom aujourd'hui. La liberté, la vie elle-même, voilà ce dont il s'agit en matière de droit criminel. Or il y a un pouvoir au-dessus de tous les jurisconsultes ; les Chambres. Les Chambres ne devraient pas simplement se contenter d'adopter le travail de jurisconsultes éminents ou même illustres ; elles devraient, je pense, se servir de ce travail à titre de renseignements et établir un code de lois pénales net et clair, et surtout proportionner exactement la peine à la gravité de l'offense commise.

2° « Manslaughter ». Il suffit pour définir cette offense de retrancher le deuxième élément du « murder ». La jurisprudence est toujours la même. Ainsi le fait de tuer arrivé sans l'existence de l'intention criminelle et lorsqu'on commettait un acte *malum in se*, suffit pour constituer cette offense. Exemple d'un pareil acte : on est en train de se livrer à un jeu défendu.

La tentative de meurtre entraîne la peine maximum des travaux forcés à perpétuité.

L'enlèvement des femmes est un « felony », si le but est le mariage pour avoir leur argent, ou des rapports illicites. Celui qui dans le même but, use de manœuvres pour procurer l'enlèvement d'une femme mineure est également coupable de « felony ». Le maximum de la peine est quatorze ans de travaux forcés. Le coupable ne peut prendre aucun intérêt dans les biens de la femme. Ces biens seront l'objet d'un acte dont le tribunal de la Chancellerie, sur la demande de la Couronne, indiquera les bases. L'enlèvement des femmes pur et simple, mais dans le but ci-dessus, est punissable de la même peine.

Le fait d'induire des mineures, agées de moins de seize ans, à quitter leur père ou leur mère ou toute autre personne responsable de leur garde, est un « misdemeanour » punissable par l'emprisonnement pendant deux ans au plus. Si la mineure quitte son père librement, l'accusé ne pourra être pùni.

Je n'ai énuméré que les principales offenses contre les personnes.

Ne peuvent être volés : 1° les immeubles et immeubles par destination. Il faut demander des dommages-intérêts au civil. Exceptions principales : le produit des mines, les arbres, les plantes, les titres de propriété ; 2° les choses sur lesquelles on ne peut exercer un droit de propriété, telles que les animaux *feræ naturæ* et non apprivoisés,

En principe général, la peine ne dépend pas de la valeur de la chose volée. J'avoue que ce principe ne me satisfait pas. En théorie stricte, il me paraît bon : vous avez eu la même intention coupable en volant 25 francs qu'en volant 25,000 francs. Il faut aussi bien détourner les citoyens de commettre des vols de 25 francs que de commettre des vols de 25,000 francs, mais infliger en principe la même peine dans les deux cas ne me paraît pas nécessaire, pour arriver au but en question. Si vous volez 25 francs, je prétends que les autres ne seront pas davantage encouragés à vous imiter, si la peine infligée est de deux ans. Au contraire, si vous êtes seulement condamné à six mois pour avoir volé 25,000 francs, je prétends que vous n'avez pas été puni suffisamment. Quel est le métier pouvant me donner 25,000 francs dans six mois ? telle est la question que pourrait bien se poser plus d'un citoyen possédant des intentions coupables.

Le vol (« larceny ») s'entend du fait d'enlever la possession dans le but de priver quelqu'un, malgré lui, de son droit de propriété, sans avoir pensé posséder le droit d'agir comme on l'a fait. La peine est l'amende, l'emprisonnement ou les travaux forcés dont le maximum est la vie, et le minimum, cinq ans.

Les receleurs sont punis de la peine des travaux forcés pendant quatorze ans au plus, mais si l'objet recélé est une lettre mise à la poste et contenant des valeurs, la peine peut être des travaux forcés à perpétuité ou l'emprisonnement pendant quatre ans au plus.

Par exception à l'usage ordinaire en cas de recel, le fait d'une condamnation précédente pour la même cause peut être établi pendant les plaidoiries.

Une espèce particulière de vol appelé « embezzlement » est l'objet d'un chapitre particulier dans les livres. Il s'agit du vol commis par un serviteur avant que le patron ne soit en possession de l'objet volé. Ainsi mon clerc reçoit des frais et honoraires et se les approprie immédiatement. Je ne comprends pas la distinction. Aussitôt que mon clerc a reçu les frais et honoraires pour mon compte, je suis devenu propriétaire de la somme reçue. Le fait de l'ignorance où je suis des circonstances ne me paraît pas changer les choses. Quel autre fait y a-t-il pouvant amener ce résultat ?

L'abus de confiance (« false pretences ») est un terme extrêmement vague. L'élément propre paraît être que le propriétaire entend se dessaisir de son droit de propriété, mais que son droit lui est enlevé par dol. L'abus de confiance est punissable des travaux forcés pendant cinq ans.

Le vol avec effraction (burglary) est commis la nuit, c'est-à-dire entre neuf heures du soir et six heures du matin. L'effraction peut être le résultat d'une manœuvre sans qu'il y ait effraction physique. Quant à l'entrée, le moindre fait suffit pour établir la culpabilité. A défaut d'entrée, il y a seulement tentative. Le juré peut rendre un verdict portant tentative malgré que le coupable soit accusé de « burglary ». La punition est des travaux forcés même à perpétuité.

Le faux consiste en la fabrication ou la modification

apportée à un acte, devant être considéré comme valable pour le but dans lequel il a été fait, et ce dans l'intention de frauder les tiers. La peine est des travaux forcés ou l'emprisonnement pendant deux ans au plus.

L'incendie volontaire (« arson ») est établie même si l'intention porte sur un autre crime que celui dont, en fait, on s'est rendu coupable. La peine varie entre la mort (lorsqu'on brûle un navire de guerre) et l'emprisonnement pendant deux ans.

Les offenses de peu d'importance, sur lesquelles le tribunal compétent statue *sommairement*, sont établies par la loi de 1880. La peine est de l'emprisonnement pendant six mois au plus ou pendant un an en cas de récidive, ou si le magistrat juge convenable d'ordonner seulement l'amende, une amende n'excédant pas 40 schellings. Le paiement de l'amende est obtenu au moyen de la saisie. Si le droit à la propriété est contesté, la loi n'est pas applicable.

Si l'emprisonnement auquel peut être condamné l'accusé, excède trois mois, il a le droit de demander un juré et le magistrat renvoie l'accusé devant les assises. Le défendeur est d'abord assigné. S'il ne comparaît pas, un mandat d'arrêt est lancé contre lui.

L'appel est permis devant le tribunal du comté ou devant le tribunal de la ville dans certains cas. Un grand nombre de villes possèdent des tribunaux d'appel. L'appel est permis lorsque la condamnation à la prison est prononcée sans donner à l'accusé l'option de payer une amende. Avis de l'appel doit être modifié dans la huitaine.

4° Les diverses natures de peines sont 1° : la mort ; 2° les travaux forcés à perpétuité ou pendant cinq ans au moins « penal servitude » ; la déportation n'existe plus ; 3° l'emprisonnement pendant quatre ans au plus ; l'obligation de travailler peut être annexée à l'emprisonnement, notamment dans presque tous les cas de « felonies » ; 4° l'amende.

Le coupable peut, en outre de la peine principale, être condamné à recevoir le fouet en cas de vol avec violence ou de « felony » renouvelée. Le nombre des coups ne peut excéder 50 à la fois et doit être spécifié par le jugement.

Le coupable peut être condamné à la peine de la réclusion (« solitary confinement ») dans certains cas rares, mais la réclusion ne doit pas durer pendant un terme excédant un mois à la fois ou pendant plus de trois mois dans une même année.

Le coupable peut être condamné à la surveillance de la haute police, notamment lorsqu'il a commis un « felony ». Cette surveillance ne peut être ordonnée pour un terme excédant sept ans après l'expiration de la peine.

Les enfants âgés de moins de seize ans, qui sont condamnés à un emprisonnement de plus de dix jours, peuvent être envoyés pendant deux ans au moins et cinq ans au plus dans une maison de correction [1].

5° La prescription n'existe qu'en vertu d'un très petit nombre de lois portant sur des offenses exceptionnelles. Ainsi les poursuites pour trahison ne peuvent être commencées après l'expiration de trois ans ; l'achat de votes aux élections parlementaires ne peut entraîner de poursuites après l'expiration de l'année.

---

1. Les biens d'un condamné pour « felony » sont remis à un curateur nommé par le tribunal. Un tel condamné peut être soumis à l'obligation de payer les frais et une indemnité n'excédant pas 2,500 francs.

CHAPITRE III

TRIBUNAUX

Étudions l'organisation : 1° des tribunaux ordinaires, 2° des tribunaux criminels.

1° Les tribunaux ordinaires peuvent être divisés en ceux dont la compétence s'étend à toute l'Angleterre et au pays de Galles, et en ceux n'ayant qu'une compétence limitée quant au territoire. Les tribunaux de la première espèce sont : 1° la Chambre des lords ; 2° le comité judiciaire du conseil privé du souverain ; 3° la Cour d'appel ; 4° la Haute Cour de justice ; 5° le tribunal ecclésiastique siégeant à Londres et servant aussi de Cour d'appel des juridictions inférieures.

Les tribunaux de la seconde espèce sont : 1° le tribunal de la chancellerie du Lancashire ; 2° les tribunaux maritimes siégeant ailleurs qu'à Londres appelés Vice-Admiralty Courts ; 3° les tribunaux maritimes inférieurs des « Cinque Ports ; 4° le tribunal des mineurs de Cornouailles, appelé « Stannaries » ; 5° le tribunal appelé « Court of Passage » siégeant à Liverpool pour les affaires civiles et maritimes ; 6° les tribunaux des « Sheriffs » ; 7° les justices de paix (« County Courts ») ; 8° le tribunal du lord-maire.

On peut ajouter deux tribunaux spéciaux : 1° pour statuer sur certaines questions intéressant les chemins de fer ;

2° pour faire les investigations touchant les causes de naufrage ;

2° Les tribunaux criminels sont : **1°** le **Banc** de la **Reine**, 2° les Cours d'assises présidées par les juges du Banc de la Reine et autres revêtus de pouvoirs spéciaux émanant du souverain ; 3° le tribunal criminel siégeant à Londres, appelé « Central criminal Court » ; 4° le tribunal de l' « Admiralty » ; 5° les tribunaux inférieurs pour les comtés ; 6° les tribunaux inférieurs pour certaines villes ; 7° les tribunaux des « Coroners » ; 8° les tribunaux des Universités d'Oxford et de Cambridge ; 9° les tribunaux des juges de paix (ils n'ont rien à faire avec les County Courts) ; 10° les tribunaux de simple police (« police courts ») y compris celui du lord-maire.

1° La Chambre des lords est une Cour suprême. Elle connaît des appels de la Cour d'appel. La loi de 1876 prescrit que les appels devront être jugés par trois lords au moins, mais la Cour ne pourra être composée que du lord-chancelier (ministre de la justice et président de la Chambre des lords) ; des deux lords créés *ad hoc* par la loi ; de pairs du Parlement ayant rempli les fonctions de juges de la Haute Cour, de conseillers au Conseil privé, nommés en vertu d'un loi de 1871. Cette loi nomme quatre conseillers rétribués.

Les appels peuvent être jugés par la Chambre, bien que le Parlement ne siège pas.

Nous n'avons pas de juridiction suprême ne s'occupant que du point de droit.

Le comité judiciaire du Conseil privé du souverain forme une autre Cour suprême. Elle connaît des appels des tribunaux des colonies, des appels des « Vice-Admiralty Courts », des appels du tribunal ecclésiastique, des appels d'arrêts de la Cour portant sur les biens ou la personne des aliénés, enfin de demandes pour obtenir un prolongement de la durée de brevets, prolongement ne pouvant excéder quatorze ans. Ce comité est composé d'un président, membre de la Chambre des pairs, du lord-chancelier, des conseillers de la Cour, enfin des quatre conseillers dont j'ai déjà parlé.

La Cour d'appel connaît des appels de la Haute Cour, du tribunal du « Lancashire », enfin du tribunal de Cornouailles. Les deux sections dont elle est composée, jugent l'une, les appels du Banc de la Reine ou de l'Admiralty ; l'autre, les appels du tribunal de la Chancellerie. Cette dernière statue sur les questions relatives à la personne et à l'administration des biens des aliénés. Il y a sept conseillers. Sont membres *ex officio :* le Chancelier, le premier président du Banc de la Reine, le président du tribunal du Probate.

Il n'y a qu'une Cour d'appel en Angleterre, elle siège à Londres.

La Haute Cour de justice se compose : 1º du tribunal de la Chancellerie ; 2º du Banc de la Reine ; 3º du tribunal du Probate, des Divorces et de l'Admiralty ; 4º du tribunal des faillites.

Strictement, je devrais ranger ce dernier tribunal parmi ceux de la deuxième espèce, puisqu'en matière de faillite la Haute Cour a une compétence limitée quant au territoire.

Le tribunal de la Chancellerie est purement un tribunal de première instance et ne siège qu'à Londres. Il est composé de cinq juges dont chacun siège toujours séparément.

Le Banc de la Reine est un tribunal de première instance et d'appel des « County Courts ». Il peut y avoir appel dans les affaires où il s'agit d'une somme excédant 500 francs ou dans les affaires immobilières lorsque la valeur de la somme en litige excède la même somme ; enfin dans toutes autres affaires, avec l'autorisation du juge.

Les affaires soumises à un juré comportent un seul juge : les affaires dans lesquelles il s'agit de décider un point de droit, d'ordonner que le procès porté devant un juré soit soumis à un nouveau juré, de statuer en appel soit sur les jugements de juges inférieurs, soit sur les ordonnances d'un juge du tribunal siégeant en référé, ces affaires comportent deux juges au moins.

Le Banc de la Reine a un premier président (Lord Chief Justice of England) et douze juges. Ce tribunal siège à Londres seulement. En vertu du mandat du souverain, les juges du tribunal siègent dans les villes de province pour statuer sur les affaires portées devant un juré. Les conclusions du demandeur indique le comté où l'audience définitive doit avoir lieu. Cette indication ne peut être modifiée que par l'ordonnance du juge.

Le tribunal du Probate, des Divorces et de l'Admiralty, comporte deux juges, dont l'un statue sur les affaires de Probate et de divorce, et l'autre sur les affaires maritimes. Chacun de ces juges statue en premier et en dernier ressort. Le juge du Probate et des Divorces décide en dernier ressort des appels des tribunaux de simple police statuant en matière de séparation de corps. Le juge, pour les affaires maritimes, décide en dernier ressort des appels des décisions de tribunaux inférieurs. Ces tribunaux inférieurs sont : les « County Courts » la « Court of Passage », les juges de paix, le tribunal des « Cinque Ports », enfin le tribunal de Jersey et de Guernesey appelé « Royal Court ». Le tribunal ne siège qu'à Londres.

Le tribunal des faillites siège à Londres seulement, et sa compétence s'étend sur Londres seulement et sur tous débiteurs ayant vécu à Londres pendant la majeure partie des six mois précédant la demande, ou ne vivant plus en Angleterre ou dont l'adresse est inconnue. Il comporte un juge nommé par le Lord-Chancelier et plusieurs greffiers servant aussi de juges secondaires, pouvant prononcer des jugements provisoires et des jugements définitifs ; présider à l'interrogatoire du débiteur ; accorder sa

décharge ; approuver des concordats : rendre des ordonnances dans les cas urgents ; statuer sur toutes demandes
où il n'y a pas de contestations ou qui sont faites en l'absence de la partie adverse ; assigner et interroger toute
personne que l'on suppose posséder des effets appartenant
à la faillite ou pouvoir fournir des renseignements touchant le débiteur, la marche de ses affaires et la consis-
tance des biens lui ayant appartenu : l'appel des décisions
du juge ou d'un greffier est porté devant la Cour d'appel.
La Cour d'appel peut autoriser l'appel devant la Chambre
des Lords.

La compétence des tribunaux formant la Haute Cour de
Justice, peut être déterminée par celle que possède les
tribunaux de la deuxième espèce dont la mention se
trouve en face des numéros 3, 5 et 7.

La compétence du Banc de la Reine n'est pas réglée
par une question de chiffre. Mais on verra que dans certains cas les frais correspondent à ceux qui sont alloués
dans les « County Courts ».

Les juges de tous les tribunaux composant la Haute
Cour siègent en Chambre du Conseil pour statuer sur des
demandes incidentes soit en premier ressort, soit en appel des juges secondaires attachés à chaque tribunal.

Étudions la composition et la compétence des tribunaux
de la seconde espèce.

Le tribunal du « Lancashire » siégeant au chef-lieu du
comté a une partie des pouvoirs possédés par le tribunal
de la Chancellerie.

Les tribunaux maritimes appelés « Vice-Admiralty Courts »
statuent sur les mêmes chefs de réclamations que le fait
le tribunal de l'Admiralty. Les appels ne sont permis
qu'avec l'autorisation du juge et doivent être interjetés
dans les six mois; ces tribunaux existent dans une certaine
quantité de villes de province.

Le tribunal maritime inférieur appelé des « Cinque Ports »

a des juges spéciaux. La compétence n'est pas limitée quant aux chiffres. Les cinq ports sont : Douvres, Sandwich, Romney, Hastings, Hythe. Les chefs de compétence sont : 1° les contestations relatives au sauvetage des câbles et des ancres. Ces réclamations doivent être jugées dans les vingt-quatre heures après que la demande a été formée ; 2° les réclamations par les pilotes ou autres personnes pour services rendus à des navires, par exemple ; navires en détresse : 3° les réclamations pour avoir sauvé des effets ou des marchandises provenant d'un navire qui a fait naufrage. L'appel est formé devant le tribunal de l'Admiralty. Dans les huit jours, les parties doivent exprimer leur désir au juge. L'appel est définitif.

Les tribunaux appelés « Stannaries » ne statuent que sur les différends regardant les mineurs et les ouvriers dans les mines d'étain ; lesquels ouvriers ont le privilège de poursuivre les tiers et d'être poursuivis devant leurs propres tribunaux. Ces derniers ont des juges spéciaux.

La compétence de la « court of Passage » est civile et maritime. La première ressemble beaucoup à celle d'un county Court ; la seconde existe dans tous les cas où les biens, objet de la demande, se trouvent à Liverpool ou aux environs de cette ville et lorsque le propriétaire des biens demeure à Liverpool.

Chacun des comtés de l'Angleterre a un haut fonctionnaire appelé « Sheriff » dont la mission consiste principalement à mettre à exécution les jugements rendus par la Haute Cour. Ledit « Sheriff » est un juge siégeant avec un juré : 1o pour déterminer, en vertu d'une réquisition émanant de la Haute Cour, le montant des dommages-intérêts en cas du défaut de comparaître du défendeur à un procès intenté devant la Haute Cour, particulièrement le Banc de la Reine. Exemple : défaut sur procès intenté par une demoiselle pour obtenir des dommages-intérêts pour inexécution d'une promesse de mariage ; 2° pour adjuger le montant de l'indemnité en cas d'expropriation d'immeubles par la ville ; 3° pour adjuger au demandeur, et au prix évalué par le juré, en vertu de la même réquisition, certains immeubles par destination saisis à la suite d'un jugement prononcé par la Haute Cour, particulièrement le Banc de la Reine.

Les « County Courts » sont compétentes pour statuer sur les affaires civiles et maritimes, et en matière de faillite dans les termes et limites fixés par la loi expresse. Il y a dix « County-Courts » (je les appelerai justices de paix) dans Londres, et il y en a beaucoup dans les comtés.

La compétence civile est de beaucoup la plus importante. Elle résulte principalement de la loi de 1846. Grâce à cette loi, le tribunal dans les affaires peu considérables remplace ; 1° le tribunal de la Chancellerie ; 2° le Banc de la Reine.

1° Les justices de paix sont compétentes jusqu'à 12,500 francs en matière de liquidation de successions ; en matière de mise à exécution de fidéicommis ; en matière d'hypothèques ; en matière de demandes pour obtenir l'exécution littérale des contrats : en ce qui concerne l'entretien des mineurs, lorsque la fortune n'excède pas le chiffre indiqué ; en matière de dissolution de sociétés lorsque l'actif n'excède pas ce chiffre ; enfin pour prononcer des « injunctions » relatives aux affaires de leur compétence.

Rien dans la loi n'oblige formellement un demandeur de recourir à la justice de paix.

2° La justice de paix est compétente en matière de contrats jusqu'à 1,250 francs. Les frais d'une demande d'une somme inférieure à 1,250 francs, demande intentée devant la Haute Cour, sont alloués sur la base applicable aux affaires pendantes devant les justices de paix.

Si la créance excède 125 francs, les parties ont le droit de réclamer un juré.

Le juge peut condamner à la prison après jugement, si le défendeur a obtenu la somme à la suite d'un abus de confiance, sans avoir eu la moindre espérance raisonnable de pouvoir la rembourser, ou bien s'est dessaisi de ses biens en fraude des droits de ses créanciers, enfin si, ayant eu depuis le jugement le moyen de payer le montant, il a omis de le faire. Le terme est de six semaines au plus.

En matière de « torts », il est prudent de former la demande devant une justice de paix, si le montant de la condamnation ne devra pas excéder 250 francs. Mais spécialement les demandes basées sur les « torts » suivants :

1° Poursuites criminelles par malveillance; 2° diffamation; 3° séduction ; 4° inexécution d'une promesse de mariage, ne sont pas de la compétence des justices de paix, à moins que le défendeur ne prouve dans le procès, intenté d'abord devant la Haute Cour, que le demandeur est dépourvu des moyens de payer les frais du défendeur, au cas où le premier serait débouté de sa demande. Le demandeur peut donner caution.

En matière de demande tendant à recouvrer la possession des immeubles, la compétence existe jusqu'à 12,500 francs. En matière de demandes pour recouvrer la propriété, cette compétence existe jusqu'à 500 francs.

Si le montant de la condamnation n'excède pas 500 fr., le juge peut ordonner le paiement par acomptes.

Les instruments de travail, les vêtements et la literie jusqu'à concurrence de 125 francs ne peuvent être saisis.

Le propriétaire a privilège, lors d'une saisie, pour quatre semaines de loyer, si la location est à la semaine, pour deux termes, si la location est pour une durée de moins d'un an.

Dans aucun cas le propriétaire n'a de privilège pour plus d'une année de loyer.

Le défendeur est admis dans tout état de cause à consigner telle somme qu'il juge convenable à la caisse du tribunal.

Peuvent être témoins : les parties, la femme ou le mari de l'une des parties.

Il y a un juge et un greffier pour chaque tribunal. Le greffier peut statuer lorsqu'il n'y a pas de contestations.

La compétence en matière maritime ne s'applique qu'à certaines justices de paix et se trouve limitée quant au chiffre. Cette compétence existe : 1° en matière de sauvetage, lorsque la valeur des effets sauvés n'excède pas 25,000 francs, ou lorsque la somme réclamée ne dépasse pas 7,500 francs ; 2° en matière de tonnage, choses nécessaires ou gages, lorsque la réclamation n'excède pas 3,750 francs ; 3° en matière de dommages causés au navire ou à sa cargaison, lorsque la réclamation ne dépasse pas 7,500 francs ; 4° en matière de réclamations résultant de chartes parties ou ayant trait au transport de marchandises, lorsque la réclamation ne dépasse pas 7,500 francs.

Le juge peut, s'il le trouve utile ou si les parties le demandent, obtenir l'aide de deux experts.

L'appel est porté devant le tribunal de l'Admiralty, et si le président le permet, devant la Cour ; aucune permission n'est nécessaire si le premier jugement est infirmé par le tribunal de l'Admiralty.

La compétence en matière de faillite est exactement la même que celle de la Haute Cour, à l'égard du juge. A l'égard des greffiers, une différence existe entre les pouvoirs de ceux de la Haute Cour, et les pouvoirs de ceux des justices de paix. Ces derniers ne peuvent approuver les concordats ni accorder au débiteur sa décharge que dans les cas où il n'y a pas de contestation. A l'exception des justices de paix dans Londres, toutes les justices de paix en Angleterre, possèdent cette compétence. Est compétente la justice de paix dans le ressort de laquelle le défendeur a résidé ou fait ses affaires pendant la plus longue période durant les six mois précédant la demande. Le transfert est permis si le demandeur a choisi un tribunal incompétent.

Le tribunal du lord-maire, dont le juge est le « recorder » ou un juge suppléant, est compétent en matière civile jusqu'à 1,250 francs, lorsque la cause du litige est née dans la cité de Londres.

L'auteur se permet de faire observer qu'il a consulté une vingtaine de volumes pour l'aider à écrire cette première partie ; mais il faut bien se persuader qu'on ne peut rien sans beaucoup de travail et beaucoup de patience.

2° Les tribunaux criminels. Les tribunaux des quatre premières espèces se composent d'un juge et d'un juré.

Le seul tribunal criminel dont la compétence n'a aucune limite, c'est le Banc de la Reine. Ce tribunal n'exerce ses pouvoirs que rarement, spécialement il les exerce lorsqu'on établit que les préjugés locaux ou toute autre cause empêcherait vraisemblablement le juré d'arriver à un verdict impartial, ou qu'il s'élèvera une question de droit très difficile à résoudre. Alors l'affaire ayant été portée devant un tribunal inférieur, l'accusé demande au Banc de la Reine de retirer l'affaire au premier tribunal et de la faire juger par-devant l'un des juges du Banc de la Reine et un juré. Le tribunal accorde ou refuse la demande. S'il l'accorde, le défendeur devra fournir caution pour les frais de l'adversaire, en cas de condamnation.

Les Cours d'assises siègent en matière criminelle dans les villes de province. Il y a huit « circuits » ou rayons de juridiction. Chacune des quatre sessions a lieu en vertu d'un mandat du souverain. Jadis le roi rendit la justice en personne, non sous le chêne de Vincennes, mais dans toute l'Angleterre et le pays de Galles. Les juges sont ceux du Banc de la Reine, et les avocats indiqués par le souverain.

Les Cours d'assises sont compétentes pour statuer sur toutes offenses possibles, sauf, je pense, celles sur lesquelles il doit être statué par voie sommaire aux termes de la loi.

La principale Cour d'assises est celle qui siège pour les offenses commises à Londres, dans le comte de Middlesex et dans quelques faubourgs des trois comtés voisins appelés Essex, Kent et Surrey. Les juges du tribunal sont : le lord-maire de londres, le lord-chancelier, les juges de la Haute Cour, le juge du Tribunal ecclésiastique, les « Aldermen » ou échevins de Londres, les deux juges, anciens avocats nommés par la cité, appelés « Recorder », et « Common serjeant » ; enfin le juge de la « County Court » de la cité de Londres et tous autres que le souverain pourra nommer par son mandat.

Les seuls juges sont, dans la pratique, l'un des juges du Banc de la Reine, le juge de la County Court, le « Recorder », et « le Common serjeant ». Le lord-maire ou un « Alderman » est toujours présent. Ces derniers apportent ordinairement un énorme bouquet qu'ils tiennent à la main, mais c'est tout ce qu'ils apportent.

Les tribunaux inférieurs pour les comtés appelés « Quarter Sessions » siègent quatre fois par an. La compétence de ces tribunaux est, par la loi, limitée à certaines offenses. Cette compétence s'étend aux « felonies » et aux « misdemeanours » d'une importance relative. Les juges sont des particuliers nommés par le mandat du Souverain (Justices of the peace). Le principal tribunal est celui du comté de Middlesex. Les juges sont deux anciens avocats, et les particuliers nommés par le mandat du souverain.

Un grand nombre de villes de province ont un tribunal propre appelé . « borough (bourg) sessions ». Le juge est un avocat appelé » Recorder ».

Le « Coroner » préside aux débats qui ont lieu devant

lui et devant un juré dans les cas de décès arrivant dans une prison, de mort violente ou de mort subite. Le juge doit renvoyer aux Assises celui que le juré déclare coupable de « murder » ou de « manslaughter ».

Les Vice-Chanceliers des universités en question peuvent demander le renvoi des affaires portées devant les assises, affaires dans lesquelles sont impliqués des membres de l'université. Ces pouvoirs sont rarement exercés.

Les tribunaux appelés « Petty Sessions » sont présidés par des particuliers nommés par le mandat du Souverain, les mêmes que ceux dont nous avons parlé en traitant des « Quarter Sessions ». La compétence est établie par la loi. La nature des condamnations sont l'amende et la prison pour un terme n'excédant pas six mois, un an en cas de récidive, ou trois mois au plus en cas de défaut de payement de l'amende.

Payement de dommages-intérêts, jusqu'à concurrence de 50 francs, peut être ordonné. Enfin le juge peut ordonner au défendeur de prendre l'obligation, avec ou sans caution, de comparaître à un jour futur, ou de bien se conduire à l'avenir ; le tout avec ou sans condamnation aux frais.

A Londres, les juges de ces tribunaux prennent le nom de « Police magistrates » ; leurs tribunaux s'appellent « Police Courts ». Chacun des tribunaux est composé de plusieurs magistrats, mais les audiences ne sont jamais présidées par plus d'un juge, ancien avocat, dont les fonctions sont rémunérées.

Dans la cité de Londres, il existe un tribunal de simple police composé du lord-maire et des « Aldermen ». Leurs fonctions ne sont pas rémunérées.

La loi a réglé les cas où il y aura appel aux « Quarter sessions ». Ces derniers peuvent renvoyer la solution de toute question de droit devant le Banc de la Reine, mais ils doivent statuer d'abord sur l'appel. Il n'existe pas d'appel lorsque le juge de paix renvoie la question de droit devant le Banc de la Reine. Les pouvoirs des juges de paix à l'égard de l'instruction des crimes seront étudiés au chapitre suivant.

CHAPITRE IV

PROCÉDURE

La procédure est civile ou criminelle.

En dehors de la Cour d'appel et de la Haute Cour de justice, chacun des tribunaux a une procédure particulière.

Devant les « County Courts », la procédure est sommaire.

Nous étudierons brièvement : 1° la procédure de la Haute Cour et de la Cour d'Appel, telle qu'elle résulte des règlements des juges soumis au Parlement et approuvés en 1883 par lui, aux termes de la loi de 1873. La procédure en matière de faillite, étant réglée par la loi particulière, est exclue ; 2° la procédure criminelle.

1° Voici la marche ordinaire d'une affaire au civil ; 1° Assignation ; 2° comparution du défendeur (huit jours) ; 3° conclusions en demande (six semaines) ; 4° conclusions en défense (dix jours) ; 5° conclusions en réponse (trois semaines) ; 6° avenir (six semaines) ; 7° jugement.

Devant le tribunal de la Chancellerie, après le jugement, il y a très fréquemment un renvoi devant l'un des juges secondaires pour établir les comptes dont il est question dans le jugement. Alors le premier jugement est provisoire, et le jugement définitif est rendu sur le rapport du juge secondaire.

Mais toutes les fois que l'objet de la demande est une somme liquide, non des dommages-intérêts, le demandeur pourra comprendre ses conclusions dans l'assignation. Alors il est admis à faire une déclaration sous serment établissant la demande (affidavit) aussitôt la comparution du défendeur.

Si ce dernier ne montre pas par sa déclaration qu'il existe des moyens de défense, jugement est rendu. Les frais varient entre 150 et 200 francs. Les parties sont libres d'appeler de la décision rendue. Cette demande ainsi que la majorité des incidents sont jugés en Chambre du Conseil. Devant le tribunal de la Chancellerie, sont aussi portées et jugées en Chambre du Conseil, certaines demandes principales. Ex : la plupart des demandes en liquidation de successions,

En Chambre du Conseil, (« Chambers ») siégent,

1° Des juges secondaires et taxateurs.

2° Un juge du tribunal.

1° Les juges secondaires statuent sur les demandes énumérées aux règlements, sauf appel au juge. L'appel, s'il s'agit d'une instance formée devant le Banc de la Reine, est encore permis devant le tribunal appelé alors : « divisional Court », composé de deux juges au moins.

2° Le juge statue en appel des décisions des juges secondaires ; en premier ressort lorsqu'il s'agit de certains incidents particuliers. Ce mode de juger les demandes incidentes est employé par tous les tribunaux composant la Haute Cour.

La marche ordinaire peut être arrêtée par le défaut de comparaître. Devant le Banc de la Reine, ce défaut entraîne un jugement définitif, ou le mandat adressé au « Sheriff » dont j'ai déjà parlé. Devant le tribunal de la Chancellerie, la procédure suit son cours dans la grande majorité des cas.

Si l'affaire doit suivre la marche ordinaire, six mois environ suffisent pour parvenir au jugement. Les parties doivent comparaître en personne à l'audience définitive leurs dépositions sont nécessaires. La grande preuve devant le Banc de la Reine, le tribunal du Probate et des Divorces, est la preuve testimoniale ; devant le tribunal de la Chancellerie, la preuve par écrit. Les témoins sont interrogés par l'avocat, lequel a toujours la faculté d'interroger ceux de l'adversaire.

S'il y a des questions de fait, un juré prête son concours. Spécialement cette voie est applicable devant le Banc de la Reine et le tribunal du Probate et des Divorces. Devant les autres tribunaux il n'y a pas ordinairement de juré. Le juge maritime se fait souvent assister d'un ou plusieurs marins expérimentés.

S'il y a des questions de droit seulement, les parties tombent d'accord sur la question à soumettre au juge. La présence des parties n'est pas nécessaire.

S'il y a des questions de comptes, la voie diffère suivant que l'instance est portée devant le Banc de la Reine, la Chancellerie ou devant le tribunal des Divorces ou celui de l'Admiralty. Devant le Banc de la Reine, les comptes sont établis devant les juges secondaires, des avocats spéciaux (loi de 1873), enfin devant un tiers convenu entre les parties [1]. Devant la Chancellerie, les comptes sont établis soit par les juges secondaires, soit par les avocats spéciaux. Un rapport est fait au tribunal, dans les deux cas. Devant les autres tribunaux, les greffiers établissent les comptes. Devant le dernier nommé, le greffier peut se faire aider d'un ou plusieurs négociants.

Je désire donner quelques indications particulières.

L'étranger demandeur donne caution.

Un sujet britannique ou un étranger se trouvant en pays étranger, partie à une cause intentée devant la Haute Cour, peut être tenu de comparaître en vertu de l'ordonnance d'un juge après signification de l'assignation, ou d'un avis si la partie est un étranger, lorsqu'il s'agit d'immeubles

---

1. Les avocats spéciaux font un rapport au tribunal.

situés en Angleterre ; ou d'une demande formée contre un défendeur résidant ordinairement en Angleterre, ou d'une demande pour obtenir la liquidation d'une succession mobilière située en Angleterre, de toute personne domiciliée en Angleterre lors de son décès ; ou d'une demande à raison d'une inexécution de contrat passé en Angleterre, l'inexécution ayant eu lieu dans ce pays, à moins que le défendeur ne soit domicilié ou ne réside ordinairement en Écosse ou en Irlande ; ou d'une demande pour obtenir une « injonction » à l'égard d'actes à faire en Angleterre : ou enfin d'une demande contre un étranger et une autre personne régulièrement assignée, lorsque l'étranger est une partie qu'il faut comprendre dans l'instance.

Le défendeur peut, avant de signifier ses conclusions, plus tard avec l'autorisation du juge, consigner à la caisse du tribunal somme suffisante d'après le défendeur pour satisfaire aux réclamations du demandeur. Si ce dernier continue le procès et n'obtient pas un jugement ordonnant le payement d'une somme plus élevée, les frais à partir de la consignation seront, si le juge le trouve convenable à la charge du demandeur.

Les points de droit et les points de fait sont soulevés par les mêmes conclusions.

La discontinuation des poursuites résulte d'un avis signifié au défendeur ; de l'autorisation du juge, si les conclusions en réponse ont été signifiées. Avant de former une nonvelle instance, le demandeur doit payer les frais de l'ancienne.

Dans les principales villes, il existe des greffes attachés à la Haute Cour, où la plupart des incidents sont jugés par-devant le greffier. Si l'affaire suit la marche ordinaire, le jugement a lieu devant le tribunal spécial créé par le mandat de la Reine. Toutes les suites du jugement sont portées devant le tribunal de Londres.

Le verdict d'un juré peut être soumis à un « divisional

Court ». Le juré peut avoir fixé un chiffre excessif de dommages-intérêts : le juge a pu faire un résumé inexact ou incomplet. Le tribunal peut ordonner le renvoi devant un nouveau juré. Appel de la décision est interjetée devant la Cour.

Si l'intervention d'un juré n'a pas eu lieu, les jugements définitifs peuvent être soumis à la Cour d'appel, il en est de même pour les jugements provisoires. La procédure est sommaire. La Cour a les pouvoirs les plus étendus. Spécialement, elle n'est pas limitée aux preuves déjà fournies, sa compétence ne s'étend pas simplement à infirmer ou à confirmer le jugement dont est appel : elle doit prononcer l'arrêt que la justice et l'équité demandent.

Les permis de saisie en vertu d'un jugement sont obtenus au greffe.

La saisie-opposition ne peut être ordonnée qu'en vertu d'un jugement définitif.

Les frais sont réduits à leurs justes proportions. Les parties doivent renfermer autant d'incidents en une seule demande, qu'il est utile d'en faire juger à la fois. Les parties peuvent avoir à payer tous frais occasionnés par des demandes séparées. Plus on simplifie les choses, plus le nombre des affaires augmentera.

En dehors des juges et des greffiers, il y a les avocats et les solicitors. Les premiers sont divisés en quatre corporations existant à Londres ; les règlements sont à peu près identiques. Les avocats sont un corps libre. Les solicitors forment une corporation établie à Londres et dans les principales villes de province.

On dit du mal des solicitors ; on n'a pas toujours tort. On ne doit pourtant pas oublier que si le solicitor dont les agissements portent atteinte à l'honorabilité de la corporation, va quelquefois jusqu'à publier sa honte, il est également certain que les membres honorables continueront à travailler sérieusement et sans faire parler d'eux, au profit de leurs clients et par suite d'eux-mêmes.

2° *Procédure criminelle. Cette procédure est sommaire ou ordinaire.* De la procédure sommaire j'ai déjà parlé.

La procédure ordinaire a lieu devant les juges de paix lorsqu'ils instruisent les crimes. La partie plaignante affirme sous serment la vérité des faits. Le juge lance un mandat d'arrêt. Il peut toutefois assigner le défendeur. L'accusé comparaissant sous mandat d'arrêt, n'est pas interrogé. On peut déposer tout ce que l'on veut contre lui. Le juge ayant écouté les parties, leurs avocats ou leurs solicitors, rend une ordonnance de non-lieu ou renvoie l'accusé devant les assises. Il peut libérer l'accusé sous caution. Aux assises, les témoins déposent à nouveau, les avocats plaident l'affaire et interrogent les témoins, chacun ayant le pouvoir d'interroger ceux de l'adversaire, le juge résume les dépositions ; le juré rend son verdict.

A l'égard de l'Appel : 1° si le jugement est celui d'un tribunal inférieur, il peut être soumis à l'un des deux avocats représentant la Couronne, le Banc de la Reine statue sur l' « erreur », laquelle doit résulter du dossier. Exemple : une condamnation contraire à la loi ; 2° s'il s'agit du verdict d'un juré du Banc de la Reine, ce tribunal peut renvoyer l'affaire devant un nouveau juré ; notamment si le verdict ne peut être concilié avec les dépositions.

A l'égard du pouvoir d'une Cour d'assises ou d'un « Quarter Sessions », de réserver un point de droit pour l'examen du Banc de la Reine, lorsque l'accusé est adjugé coupable, ce pouvoir peut être exercé dans tous les cas.

La Couronne peut accorder son pardon ou commuer la peine.

J'ai parlé au commencement de ce travail : 1° de la situation des accusés ; 2° des droits des jurés ; 3° de l'exercice du droit de poursuite ; 4° du pourvoi en cassation.

Que le lecteur me permette d'étudier ces points:

1° La loi anglaise dit et proclame que, jusqu'à la condamnation, l'innocence est présumée. Jusque-là, il est même interdit aux journaux de parler de culpabilité. L'accusé n'a donc pas la loi contre lui. Qu'est-ce qu'il a contre lui? Le serment de la partie plaignante, laquelle a expliqué les faits à son point de vue. Mais elle a juré ! oui, en se plaçant à son point de vue, celui de la culpabilité. Tous les témoins intéressés dans le résultat en sont là. Or la partie plaignante est essentiellement un témoin intéressé. Mais il y a un autre témoin; sa bouche est fermée. Pourquoi ce témoin est-il ainsi condamné au silence? A-t-il commis un crime, est-il moins bon ou plus méchant que les autres hommes ? Non; la loi le dit, il faut le condamner d'abord pour avoir le droit de dire du mal de lui. Oui, l'accusé est un témoin ; oui, c'est un homme tout comme un autre ; et nous le réduisons au silence ! je ne comprends pas. Affirme-t-on que le prévenu ne pourrait dire la vérité parce qu'on l'accuse d'avoir commis un crime? c'est dire que l'accusé se placerait au point de vue de l'innocence. Mais, mettre la prétendue culpabilité en présence de la prétendue innocence, voilà exactement le but de l'enquête ; enquête devant apporter la plus complète lumière possible sur toutes les circonstances et les phases du prétendu crime. Il ne suffit pas que Dieu puisse lire dans l'âme de l'accusé; le juge et le juré devraient pouvoir y lire. Mais que faire ? la formule est: nous nous passerons de vous.

2° Les jurés doivent rendre un verdict conforme aux faits relatés dans les dépositions et ne peuvent admettre de circonstances atténuantes. Quelle fausse route que celle-là ! et nous supposons que l'humanité vienne relater rien que des faits; qu'inconsciemment, sans que nous nous en doutions, il ne se mêle pas des appréciations, des points de vue à ces faits-là ? Que l'on me produise deux hommes, témoins d'un même incident, qui me le racontent de la même manière, me relatent exactement les mêmes faits. Nous refusons les appréciations. Parfait : mais si nous n'accordons pas le droit, on le prend, et tant que les hommes seront ce qu'ils sont, ils continueront à le prendre, ce droit ; si nous ne pouvons éviter les appréciations de témoins, comment éviter d'accorder purement et simplement le pouvoir d'appréciation aux jurés ?

Je ne comprends pas beaucoup les circonstances atténuantes. Pourquoi punir comme si l'accusé avait commis un crime autre que celui pour lequel il est condamné ? Il vaudrait mieux, il me semble, le considérer coupable de cet autre crime.

3° Le droit de poursuite est exercé principalement par des particuliers, agissant au nom du souverain et accessoirement par l'État. L'État a quatre avocats et deux solicitors à son service régulier. J'oublie un fonctionnaire précieux, le directeur général des poursuites publiques, dont les foncions consistent à poursuivre le moins possible. Que dire de cette organisation-là ? assure-t-elle la punition des coupables ? Si la partie plaignante se retire, que faire ? si elle néglige l'affaire, apporte des preuves insuffisantes, que faire ? quelle garantie le tribunal a-t-il du sérieux des affaires portées par les particuliers devant la justice criminelle ? Le particulier est poussé par je ne sais quelles considérations personnelles ? est-il utile, est-il pratique, est-il bon, ce système-là ?...

Il me semble que j'ai suffisamment plaidé la cause de l'exercice du droit de poursuite par la Couronne seulement, au moins pour les offenses jugées en Cour d'assises.

4° Enfin le pourvoi en cassation. Quelle singulière jurisprudence que celle dont j'ai parlé ! où y a-t-il le pourvoi sur le point de droit ? pourquoi n'avons-nous pas une

Cour de cassation, une Cour suprême en matière criminelle pour statuer définitivement sur le point de droit ?
L'établissement de cette Cour me paraît urgent ; on admet
bien, en matière civile, l'existence d'une Cour d'appel, du
comité judiciaire du Conseil privé de la Reine, d'une
chambre des lords. La liberté, la vie elle-même sont-
elles moins importantes que des meubles ou des immeubles ?

CHAPITRE V

Envisageons les actes au point de vue des questions de droit qu'ils soulèvent.

Les actes sous sceau sont rédigés dans un langage ordinairement technique.

Je parlerai :

I. De la loi de 1881 ;

II. Des actes suivants : 1° sous-locations ; 2° rétrocessions de biens hypothéqués ; 3° contrats de mariages ; 4° bills of sale ; 5° testaments.

III. De l'enregistrement et du timbre.

I. L'intitulé de cette loi, la plus considérable en cette matière, porte que son but est de simplifier la rédaction des actes, de revêtir les fidéicommissaires, les créanciers hypothécaires et autres de divers pouvoirs ordinairement conférés sur eux par l'acte ; d'apporter diverses réformes dans les lois sur la propriété foncière.

La loi s'applique aux ventes, aux baux, aux hypothèques, aux ventes des biens de mineurs, aux pouvoirs de contracter de l'usufruitier, aux fidéicommis, aux antichrèses, à l'interprétation et à l'effet des actes. La loi contient quelques modèles. Rien n'est plus clair que ces modèles.

Un tarif a été établi, tarif basé sur la valeur des biens.

A l'égard des ventes, la loi prescrit que l'acheteur ne

pourra exiger la production ou la copie d'un acte antérieur au temps auquel doit remonter le titre du vendeur, qu'en cas de vente de propriétés grevées d'hypothèques ou de charges, le tribunal pourra, sur la demande d'un intéressé, ordonner la consignation de sommes suffisantes pour remplir les tiers de leurs droits et pourra, sitôt cette consignation opérée, déclarer la propriété libre de toutes charges et hypothèques, et la transférer ainsi libérée à l'acheteur ; qu'une certaine quantité de clauses seront sous-entendues ; exemple : celle relative à la jouissance paisible par l'acheteur, celle portant qu'il n'existe pas d'hypothèque ni de charges.

A l'égard des baux, la loi prescrit leur validité malgré l'inexécution des stipulations, pourvu qu'il ne s'agisse pas d'une cession, d'une sous-location sans le consentement du propriétaire, de la faillite du bailleur, de la saisie-exécution opérée sur le droit du bailleur, et pourvu que le bailleur remédie à l'état de choses résultant de son inexécution des stipulations de l'acte, de la manière prévue par la loi.

A l'égard des hypothèques, la loi prescrit que le débiteur hypothécaire ayant le droit de reprendre son immeuble, aura le pouvoir d'exiger du créancier d'être partie à un acte de cession en faveur d'un tiers ; que le débiteur pourra rembourser le montant de l'une des hypothèques consenties en faveur du même créancier, sans être obligé de rembourser le montant des autres hypothèques (on peut par la convention déroger à cette clause) ; que le débiteur hypothécaire pourra, s'il est en possession de l'immeuble, consentir des baux pour un terme n'excédant pas vingt-un ans ou quatre-vingt-dix-neuf ans si le bailleur doit bâtir ; que le pouvoir de vendre, possédé par le créancier hypothécaire aux termes de la loi, sera exercé dans certaines circonstances et sous certaines conditions seulement, la principale étant de donner avis préalable et d'attendre trois mois sans se trouver remboursé, enfin que les pouvoirs du créancier seront notamment celui d'assurer, celui de nommer un séquestre, lorsque la somme devient exigible.

A l'égard du droit de recevoir une somme payable sur les revenus, droit grevant un immeuble ou ses revenus, la loi prescrit que le créancier pourra faire saisir après vingt et un jours de l'échéance ; qu'il pourra après l'expiration de quarante jours prendre possession de l'immeuble et des revenus ou faire un acte de fidéicommis remettant au commissaire la possession de l'immeuble pendant un temps déterminé.

II : 1° La sous-location par un bailleur ne crée aucun droit en faveur du propriétaire contre le sous-locataire.

2° Le créancier hypothécaire étant toujours dans la forme, et quelquefois dans la réalité, un propriétaire, doit rétrocéder les biens lors de l'extinction de l'hypothèque par le paiement.

3° Les contrats de mariage peuvent être faits avant le mariage ou après.

Sont nuls, d'après une loi d'Élisabeth, tous actes de transfert de meubles ou immeubles pouvant nuire aux créanciers. Exception : les transferts effectués moyennant un juste équivalent et faits de bonne foi en faveur de toute personne n'ayant pas connaissance du dol commis. La jurisprudence établit que pour annuler l'acte, la partie a dû être insolvable, au temps où l'acte a été fait, ou a dû le devenir en conséquence de l'acte. Spécialement sont nuls à l'égard des tiers, les contrats de mariages faits pendant le mariage, dans les circonstances ci-dessus relatées.

Sont nuls d'après une autre loi d'Élisabeth, à l'égard des acheteurs subséquents, les actes antérieurs passés sans que la partie ait reçu un équivalent. Spécialement sont nuls à l'égard des acheteurs, les contrats faits pendant le mariage. Les contrats passés avant le mariage sont considérés faits moyennant un juste équivalent.

4° Sont absolument nuls d'après la loi de 1882, tous « bills of sale » dont copie n'a pas été déposée dans la huitaine ; sont nuls à l'égard des tiers lesdits actes ne contenant pas une liste des meubles.

5° Les testaments doivent être interprétés comme se référant à la situation lors de la mort du *de cujus*. Les testaments portent: 1° sur les meubles, 2° sur les immeubles.

1° Lorsqu'un legs mobilier vient à cesser d'exister par suite de la mort du légataire, appelé « devisee », s'il s'agit d'immeubles, « legatee » s'il s'agit de meubles, du vivant du testateur, la loi de 1837 veut que les biens légués appartiennent au légataire du restant de la succession, déduction faite des dettes, charges et legs. Ce dernier légataire est dénommé « residuary legatee ».

Il est de règle : 1° que si le testateur n'emploie pas les termes techniques auxquels la jurisprudence attache un sens absolument précis et invariable, l'intention prévaudra sur les termes de l'acte. Exemple : le legs fait à X d'une terre, lui transfert la totalité du droit du testateur. Une donation à X par acte *intervivos*, ne lui donne que l'usufruit ; 2° que si les biens sont légués à un tiers, et au cas où il mourrait sans postérité, à un autre, ces mots « mourir sans postérité » signifient sans postérité avant ou au moment du décès du légataire ; 3° que pour créer un droit de propriété absolu ou conditionnel par testament, pourvu que l'intention soit claire, les mots employés n'ont aucunement l'importance qu'ils auraient dans un acte entre vifs, acte dans lequel les termes techniques sont employés, et doivent recevoir leur interprétation technique ; 4° que si des immeubles sont légués à celui qui les aurait pris aux termes de la loi, en l'absence d'un testament, le légataire les prendra en vertu du testament ; 5° qu'enfin les immeubles hypothéqués appartiennent à l'exécuteur du créancier hypothécaire.

2° L'intervention d'un exécuteur est nécessaire pour transférer la propriété de l'objet légué au légataire.

S'il n'y a pas un « résiduary legatee » nommé dans le testament, l'exécuteur est considéré comme un fidéicommissaire chargé de remettre les biens aux ayants droit.

III. Il n'y a pas d'enregistrement. Le timbre est mobile ou imprimé sur l'acte. Le timbre ordinaire des simples actes est de 60 centimes ; le timbre des actes sous sceau diffère selon la nature de l'acte et la valeur des biens. Exemple : le timbre d'un bail de cent ans, le loyer étant de 2,500 francs, est de 150 francs.

Les testaments sont frappés d'un droit fiscal, droit variant suivant le montant des meubles, déduction faite des dettes. Ce droit est à peu près de 40 francs par 2,500 francs.

Les legs sont frappés d'un droit variant suivant le degré de parenté. Les enfants illégitimes, et généralement les étrangers, paient 10 0/0. C'est le maximum. La femme ou le mari ne paie aucun droit.

Les successions sont frappées d'un droit variant comme celui pour les legs.

CHAPITRE VI

L'arbitrage peut avoir lieu de quatre manières : 1° en vertu d'une loi de 1845 ; 2° en vertu d'une loi de 1854 ; 3° en vertu d'une loi de 1873 ; 4° en vertu des lois de 1824, 1867 et 1872.

1° Cette loi concerne les arbitrages devant intervenir lors de l'expropriation par des compagnies formées en vertu d'une loi particulière pour se livrer à des entreprises ayant un intérêt général. La compagnie doit envoyer aux intéressés avis d'établir leurs réclamations. Les intéressés doivent indiquer leur arbitre, la compagnie fait la même indication. Les deux arbitres essayent de se mettre d'accord. Faute de ce faire, un tiers arbitre est nommé par eux, lequel sert de juge et de juré et statue définitivement.

La propriété est transférée par un acte en due forme, une sentence arbitrale ne suffisant pas pour transférer la propriété d'un immeuble.

Il est certain que l'arbitre pourra, dans quelques cas déterminés, ne statuer que provisoirement. Il a pu être partial, ne pas se conformer à l'acte d'arbitrage, dépasser ses pouvoirs, omettre de comprendre dans sa sentence tous les objets sur lesquels elle devait porter, rendre une sentence inconséquente ou dont les termes laissent un doute sur leur sens, enfin l'arbitre a pu se tromper sur un point de droit. Dans ces cas-là, la partie peut refuser de s'exé-

-cuter. Alors la partie adverse devra former une demande en justice. Cette demande ne pourra réussir si le défendeur apporte la preuve de l'un des faits ci-dessus indiqués. Je pense qu'en pareil cas, la seule voie à suivre serait de porter la contestation devant un nouvel arbitre.

2° La loi de 1854 s'applique aux arbitrages qui ont lieu par suite du consentement des intéressés et, de ceux qui ont lieu par suite d'une ordonnance d'un juge du Banc de la Reine. On peut par la convention stipuler de renvoyer devant des arbitres toute contestation à laquelle l'acte donnera naissance. Une pareille clause ne serait pas, je pense, valable en droit français. Ce consentement peut être révoqué par l'une ou l'autre des parties, à moins qu'il ne soit porté dans l'acte que le consentement pourra être converti en une ordonnance d'un juge de la Haute Cour, ou à moins que l'arbitre ne doive être un tiers individuellement désigné dans les conventions. Pourtant, la jurisprudence n'est pas fixée sur ce dernier point.

La sentence est valable et définitive jusqu'à ce qu'elle soit annulée par le tribunal. Ce dernier ne pourra intervenir qu'après l'accomplissement de la formalité consistant à convertir le consentement en une ordonnance. L'une des causes déjà indiquées suffit pour faire annuler la sentence.

Une question importante était celle de savoir si l'une des parties ne pouvait recourir au tribunal malgré le consentement. La loi prescrit que le tribunal pourra ordonner le sursis des poursuites, s'il est satisfait qu'il n'existe aucun empêchement réel à l'exécution de l'acte et que le défendeur à l'instance était lors de son commencement et se trouve toujours prêt à faire le nécessaire de son côté pour assurer l'exécution de l'acte.

Aux termes de la même loi, le juge peut, lorsque la contestation porte sur une question de chiffres, ordonner le renvoi devant l'un des juges secondaires ou devant un tiers couvenu entre les parties. L'arbitre devra rendre sa sentence dans les trois mois. Ce délai pourra être augmenté, du consentement des intéressés. La sentence est suivie d'une demande jugée sommairement, à fin de convertir la sentence en un jugement du tribunal. La sentence peut être annulée ou réformée ; jusque-là, elle est définitive. La demande doit être formée dans un certain délai. Le tribunal peut ordonner le renvoi devant l'arbitre.

L'arbitre peut renvoyer devant le tribunal toutes questions de droit pouvant s'élever.

3° Une loi de 1873 a nommé des arbitres (« Referees ») qu'elle a attachés à la Haute Cour. Ces fonctionnaires doivent faire un rapport au tribunal. L'ordonnance renvoyant l'affaire devant eux peut être accordée malgré l'opposition de l'adversaire, toutes les fois qu'il s'agit de questions de compte demandant un examen prolongé.

L'arbitre ne peut faire aucune modification à son rapport, même rectifier une erreur manifeste, après qu'il aura signé ledit rapport. Il faut obtenir du tribunal le renvoi de l'affaire.

4° Les trois lois de 1824, 1867 et 1873, réglent les arbitrages nés de différends existant entre patrons et ouvriers. La loi de 1867 porte qu'il sera établi des « Conseils équitables de conciliation ou d'arbitrage », en vertu de l'autorisation du gouvernement. Le conseil ne devra pas être composé de moins de deux ni de plus de dix personnes, patrons et ouvriers, et d'un président. La loi de 1872 porte que la convention faite en vertu de la loi désignera un conseil ou une personne pour servir d'arbitre, ou le mode de leur nomination.

Le patron et l'ouvrier seront liés par la convention. A cet effet, la remise d'une copie imprimée par le patron, suffira. L'ouvrier pourra, dans les quarante-huit heures, avertir le patron qu'il n'entend pas être lié par la convention.

CONCLUSION

Les Français pour lesquels écrit l'auteur ont un intérêt presque égal à celui de ses compatriotes à se trouver au courant du droit anglais et à pouvoir sérieusement l'apprécier.

C'est à ce point de vue que l'auteur se met en affirmant qu'un ensemble formé de coutumes tellement anciennes qu'on ne connaît plus exactement leur origine et leur étendue primitive, coutumes dont quelques-unes ne régissent que tel ou tel comté ; d'usages féodaux absolument antipathiques aux idées modernes et insuffisantes pour répondre aux nécessités de notre temps ; de lois innombrables promulguées depuis l'an 1200, une grande partie ayant été abolie partiellement par des lois subséquentes, ou servant à expliquer des lois antérieures ; enfin de milliers de décisions de juges, remontant aussi à plusieurs siècles qu'un tel ensemble, n'établit pas un corps de lois dignes de la nation anglaise.

On voit que la grandeur d'un peuple est indépendante de l'état de sa législation.

Mais tel n'est pas l'avis de tout le monde.

Dans la préface d'une édition récente d'un livre sur les servitudes « Gale on Easements », je lis le passage suivant à l'égard d'un projet de Code ayant émané il y a vingt-cinq ans de lord Westbury, Chancelier éminent : « Il est » peut-être d'heureux présage que le projet de codifier » nos lois ne fut pas exécuté. Le droit romain fut codifié » quand l'Empire Romain penchait vers son déclin... Com-

» paré au droit anglais, le droit romain peut être consi—
» déré comme une tour majestueuse, bâtie des plus soli—
» des matériaux, mais qui néanmoins s'écroule peu à peu.
» Le droit anglais, au contraire, ressemble à un fleuve re-
» muant, tirant son aliment des montagnes et des nuages
» et bien que le fleuve soit parfois ondulant, et déborde
» souvent ses rivages, cependant son cours est éternel et
» plus il s'étend au loin, plus le fleuve devient large, pro-
» fond, rigoureux !

L'auteur du livre sur les Servitudes est, comme Jean-Jacques, poète à ses heures. Et quelle poésie ! Comme elle parle au cœur du patriote ! Se figurer que les lois de son pays sont un fleuve, et que le droit romain n'était à son apogée qu'une tour majestueuse et solide, il est vrai, mais qu'importe, puisque, tout en étant solide, la tour s'écroulait peu à peu ; qu'enfin si le droit anglais cessait d'être un fleuve remuant, tirant son aliment des montagnes et des nuages, ondulant en un mot, et débordant souvent ses rivages, la Reine, les lords et les communes, tout ce que chacun de nous doit vénérer jusqu'à sa dernière heure, serait en un clin d'œil plongé dans l'abîme du néant. O doux mystère ! O grande douleur ! O catastrophe épouvantable ! Ma main tremble ; de la tête aux pieds, je frémis !

Hélas ! c'est vrai, les lois anglaises tirent beaucoup trop leur aliment des montagnes et des nuages. Mais le « home » de la liberté, qui permet tout, quitte à tout détruire et à tout remplacer — méthodiquement — fera pour ses lois ce qu'a fait Socrate pour la philosophie, il les fera descendre du ciel sur la terre.

Oui, un jour viendra — il n'est pas éloigné — où mes concitoyens s'élèveront avec calme et avec force contre la situation actuelle.

Ce jour-là, au lieu du chaos, l'Angleterre aura un Code.

TABLE DES MATIÈRES

ERRATA

—

Page 8. « D ns la pratique » au lieu de : « En pratique ».

Page 11. « La maxime *ignorantia* » etc., au lieu de : « la maxime que *ignorantia* », etc.

Page 12. « Seconds » au lieu de : « Secondes ».

Page 36. « Executory interest » au lieu de : « Exécutories interest ».

Page 44. *Idem.*

Page 49. « Existe-t-il », au lieu de : « Existe-il ».

Page 66. « Ce qui est défendu est permis » au lieu de : « Ce qui n'est pas défendu est permis ».

Page 77. « N'étant pas établies aux termes de » au lieu de : « N'étant pas établie aux termes de ».

Page 91. « Si la demande n'est » au lieu de : « Si la demande naît ».

Page 130. « La garde de la femme mariée appartient à son mari » au lieu de : « la garde de la femme mariée qui se marie », etc.

CHATEAUROUX. — TYP. ET STÉRÉOTYP. A. MAJESTÉ.

www.ingramcontent.com/pod-product-compliance
Ingram Content Group UK Ltd.
Pitfield, Milton Keynes, MK11 3LW, UK
UKHW020149130726
13696UKWH00002B/427